Einführung ins Projektcontrolling

Strategisches, operatives und agiles Controlling lernen, verstehen und anwenden

– mit vielen Anwendungsbeispielen

Lukas Raue

Inhaltsverzeichnis

1. Einleitung

Wer Projekte managt, wird immer wieder vor der Herausforderung stehen, dass Kosten explodieren oder es Probleme mit Ressourcen wie Zeit und Mitarbeitern gibt. In vielen – vor allem kleineren und mittleren – Unternehmen ist das Projektmanagement noch kein wesentlicher Bestandteil des Managementprozesses. Projekte werden oft mehr mit Gefühl als mit Kenntnis der verschiedenen Prozesse geführt. Dabei ist das „Projektmanagement [...] eine der sieben Fähigkeiten, um organisatorischen Wandel meistern zu können – die anderen sechs seien Konfliktmanagement, soziale Kompetenzen, Führung und Flexibilität, Prozessmanagement, Strategiemanagement sowie das Management der eigenen Weiterentwicklung",[1] wie Markus Priessnig es beschreibt.

Ein wesentlicher Bestandteil des Projektmanagements ist das Projektcontrolling. Hier kommen die drei Be-

---

[1] Priessnig, M. (2015): Die Vermeidung von Risiken mittels Projektcontrolling

standteile eines Projekts – Kosten, Aufwand und Ergebnis – zusammen.

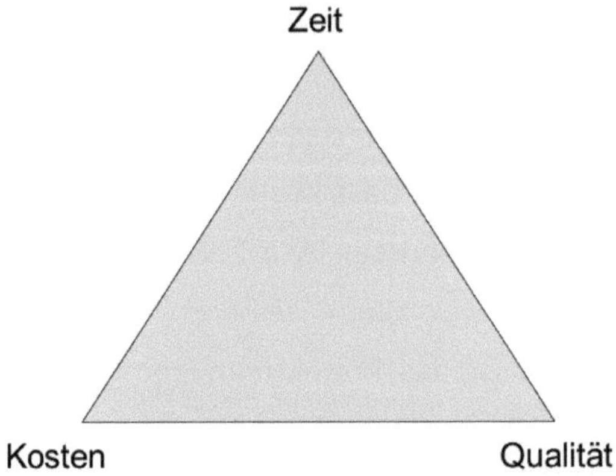

Abbildung 1: Das magische Dreieck - Qualität - Kosten -Zeit

Das Projektcontrolling lässt sich beschreiben als ein System der Führungsunterstützung für den Projektmanager, mit dem die Managementprozesse auf Zielsetzung und Zielerreichung überprüft und optimiert werden. Denn ein Projekt ist nicht erfolgreich abgeschlossen, wenn eine Software veröffentlicht, ein Haus gebaut oder eine Dienstleistung erbracht wurde. Es kann nur dann erfolgreich sein, wenn dies auch im Rahmen der Kosten geschehen konnte. Somit hat jedes Projekt immer zwei Komponenten: den Projektinhalt und die Projektkosten. Das Controlling beschäftigt sich weitgehend mit dem Kostenfaktor, kann aber auch andere

Bereiche wie Sicherheit und Risikobewertung beinhalten.

Das Controlling folgt dabei einem sogenannten Regelkreislauf:

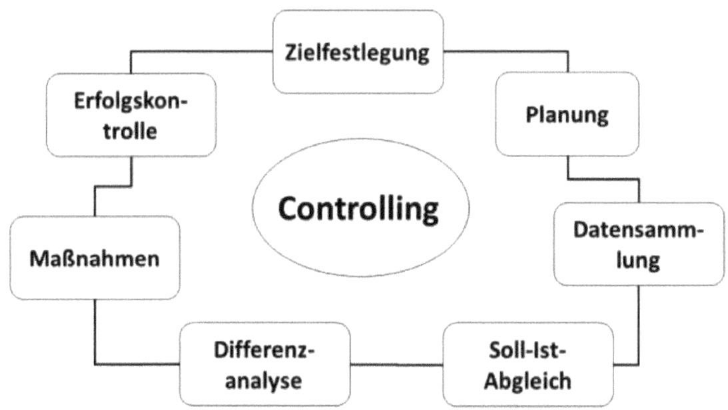

Abbildung 2: Controlling-Regelkreislauf

Das Projekthandbuch von Berekat Karavul beschreibt die Voraussetzungen, die für ein erfolgreiches Projektcontrolling erfüllt sein müssen, so:[2]

"Es muss eine transparente und nachvollziehbare Zielplanung geben, die den Anforderungen der SMART-Kriterien genügt und die Aussagen zu den

---

[2] PMH: Projektcontrolling. URL: https://www.projektmanagementhandbuch.de/handbuch/projektrealisierung/projektcontrolling/ [Stand: 02-04-2019]

drei Zieldimensionen Terminen, Ressourcen und Ergebnissen beinhaltet. Die Planungsstrukturen müssen mit den späteren Abfragestrukturen übereinstimmen. So ist es z. B. in vielen Projekten ein Problem die Personalkosten eindeutig den Projekten zuzurechnen. Ist dies nicht der Fall, kann nur schwer nachvollzogen werden, inwieweit das Projekt sein Personalkostenbudget eingehalten hat oder nicht. Im Zweifel ist es oft hilfreich für die jeweiligen Projekte eigene Kostenstellen zu schaffen.

Es ist wichtig, dass die für das Projektcontrolling wesentlichen Kennzahlen zeitnah erfasst werden und der Projektleitung zur Verfügung gestellt werden, sodass ggf. notwendige Maßnahmen eingeleitet werden können bevor es zu spät ist.

Ehrlichkeit und ein gewisses Maß an Offenheit sind wichtige Voraussetzungen, damit Projektcontrolling zielführend sein kann. Wenn bewusst gelogen wird, sind die meisten Controllingsysteme nur noch unter unverhältnismäßig hohem Aufwand in der Lage ein Projekt zu steuern.

Eine Unternehmenskultur, die es erlaubt Fehler zu machen und die Fehler als eine Chance zum Lernen betrachtet. Andernfalls werden nicht weniger

Fehler gemacht, sie werden nur besser vertuscht. Dadurch werden sie später erkannt und ziehen meist höhere Folgekosten nach sich."

Eine andere Definition des Controllings ist: Controlling muss ziel-, ergebnis-, zukunfts- und engpassorientiert arbeiten, wobei die Unterstützung des Managements sowohl im Strategischen als auch im Operativen unabdingbar ist. Im Zuge des strategischen Controllings wird darauf geachtet, dass mittels geeigneter Analyseinstrumente, langfristiger Planungs- und Investitionsrechnung sowie angepasster Kontrollsysteme die langfristigen Erfolgspotenziale aufgedeckt und genutzt werden und somit die Zukunftssicherung gewährleistet ist.

Projektcontrolling wird unterteilt in zwei Stufen: das **strategische Projektcontrolling** und das **operative Projektcontrolling.** Beim strategischen Projektcontrolling geht es vor allem darum, die Ziele festzulegen und das Controlling im Projekt zu planen. Beim operativen Controlling wirst Du im Tagesgeschäft sehen, wie gut sich Dein Projekt entwickelt.

2. Strategisches Projektcontrolling

Das strategische Projektcontrolling ist dem eigentlichen Controlling vorgelagert. Du wirst in einem Projekt erst einmal die Kosten und Ziele erfassen müssen, bevor Du kontrollieren kannst, wie gut oder schlecht sie sich entwickeln. Aber Du wirst Dir auch Gedanken darüber machen müssen, wer kontrolliert und was eigentlich wie kontrolliert werden muss. Denn die Gefahr ist groß, zu viel oder auch zu wenig Prozesse und Kosten zu untersuchen, was entweder dazu führt, dass das Controlling an sich höhere Kosten verursacht oder aber, dass es nicht effektiv genug die Kosten und den Aufwand abbilden kann.

Bei einer Strategie geht es immer darum, auf welchem Weg man zu einem Ziel kommen will. Dabei spielt auch eine Rolle, wie das Projekt an sich organisiert ist.

Zu den Hauptaufgaben der strategischen Planung gehören nach Demleitner:[3]

Strategievernetzung auf Projektebene

Hier soll das strategische Projektcontrolling die Verbindung zwischen der Unternehmensstrategie und den Projekten herstellen.

Als geeignetes Werkzeug dient hier die Projekt-Scorecard, sie ist eine auf das Projekt angepasste Balance Score Card.

Behandlung von Risikoaspekten in Projekten

Ein geeignetes Risikomanagement hilft Risiken eines Projekts, die die Existenz der gesamten Unternehmung gefährden könnten, systematisch zu ermitteln.

Auswahl und Bewertung von Projekten

Das strategische Controlling unterstützt die Unternehmung mit geeigneten Methoden für die Auswahl und Bewertung der bestmöglichen Projektentscheidungen und macht diese auch transparent. Geeignete Methoden zur Bewertung und Auswahl von Projekten sind der Gewinnvergleich, die Break-even-Analyse, die

---

[3] Demleitner, K. (2009): Projekt-Controlling - Die kaufmännische Sicht der Projekte, 2. Auflage, Renningen

Kapitalwertmethode, die Nutzwertanalyse und der Portfoliovergleich

Ressourcen und Budget
Bei der Planung des Einsatzes oder Ausbaus von Ressourcen und eines begrenzten Budgets kommen als strategische Controlling-Werkzeuge beispielsweise die Finanzplanung oder die Potenzialplanung zum Einsatz.

Aufgaben in der Personalpolitik
Hier kann als Beispiel die Gestaltung von Prämiensystemen genannt werden.

Strategischer Controlling-Prozess
Implementierung von Prozessen, die eine wirksame Anwendung der strategischen Werkzeuge ermöglicht.

In der Strategiephase wirst Du auch lernen, welche Bereiche bei der Planung berücksichtigt werden müssen. Die einzelnen Details der Kosten wirst Du dann in der operativen Phase festlegen und kontrollieren.

2.1 Projektorganisation

Es wird empfohlen, dass Du bei der Planung des Projekts auch gleich an das Controlling denkst und es in die verschiedenen Phasen einbindest. Controlling ist ein Prozess, der quasi über den einzelnen Projektphasen auf einer eigenen Ebene schwebt, allerdings auch alle diese Phasen überwacht. Wie Du Dein Projekt organisierst, hat auch Auswirkungen auf das spätere Controlling.

Zur Erinnerung hier noch einmal die wesentlichen Aufgaben eines Projekts.
Alle Projekte haben eines gemeinsam: Man muss Ziele formulieren, einen Plan machen, diesen ausführen, mit Problemen umgehen und hat schließlich einen Abschluss. Das ist auch die Definition eines Projekts. Es hat:

- ❖ ein klares Ziel

- ❖ einen Zeitrahmen

- ❖ klare Vorgaben zur Durchführung

Projekte sind einmalige Ereignisse, die ins Leben gerufen werden, um etwas zu schaffen. Dabei ist das Schaffen das Projekt, nicht das Geschaffene. Beides steht im Mittelpunkt des Controllings.

Man definiert Projekte auch oft mit der Abkürzung SMART: diese kommt aus dem Englischen, und bedeutet:

Spezifisch

Messbar

Akzeptiert

Realistisch

Terminiert

Wenn Du ein neues Projekt starten willst, helfen Dir diese 5 Punkte recht gut, am Anfang eine Struktur zu schaffen:

Spezifisch – Hat Dein Projekt eine klare definierte Aufgabe? Du wirst später nichts kontrollieren können, das nicht klar beschrieben ist. Ein Hausbau zum Beispiel braucht die Zahl der Räume, Dach-Typ, Quadratmeter und Ähnliches.

Messbar: Projekte bestehen aus Zahlen, zum Beispiel aus Budgets, aus Terminen, die eingehalten werden müssen, aus Prozentzahlen, die den Fortschritt angeben, und noch einige mehr. Sie helfen, das Projekt einzuschätzen.

Akzeptiert: Um ein Projekt erfolgreich umzusetzen, müssen alle an Bord sein. Im Berufsumfeld sind das die Stakeholder, im Privaten beispielsweise die Familie. Sie müssen dem Projekt zustimmen.

Realistisch: Projekte sind keine Visionen, sondern etwas, das umgesetzt werden soll. Deshalb müssen sie nicht nur spezifisch, sondern auch realistisch sein. Eine Rakete, die uns in die nächste Galaxie fliegt, mag ein schöner Traum sein, realistisch ist sie nicht.

Terminiert: Etwas, was Du immer bei einem Projekt finden wirst, ist ein Zeitplan. Ob der immer eingehalten wird, ist eine andere Sache, aber Du brauchst ihn, um das Ende und das Ziel des Projekts nicht aus den Augen zu verlieren.

2.2 Projektziele – Ziele definieren

Bevor Du Dich an die konkreten Planungen machst, solltest Du Dir erst einmal im Klaren darüber sein, was mit dem Projekt eigentlich erreicht werden soll. Diese Gedanken können erst einmal sehr allgemein gehalten werden, später münden sie dann in die Projektdefinition, wo Du sie ausformulieren wirst.

Wie das Ziel eines Projekts aussieht, hängt immer etwas von der Art des Projekts ab. Viele Projekte spielen sich heute in der Softwareentwicklung ab. Wenn Du zum Beispiel eine Software programmieren willst, die Deinen Kunden täglich Fitnesstipps gibt, basierend auf ihrem Gewicht und ihrem Kalender, so ist das Ziel, eine App zu haben, die diese Funktionen beinhaltet und fehlerfrei läuft. Bei solchen Projekten wir das Controlling vor allem ein Auge auf die Zeit haben, die für die Entwicklung gebraucht wird. Bei einem Hausbau ist das Ziel, ein Haus entsprechend den Architektenplänen termingerecht fertigzustellen und im Budget zu bleiben. Hier spielen neben der Zeit auch die Kosten eine Rolle.

Du wirst sehen, dass es manchmal nicht nur ein Ziel gibt, sondern oftmals mehrere, die erreicht werden sollen. Die Ziele geben Dir den Weg vor, den Du im Projekt gehen wirst, aber sie haben auch noch eine andere Funktion: Gerade wenn es darum geht, andere vom Projekt zu überzeugen, ist es wichtig, klare Ziele zu haben. Am Ende eines Projekts muss etwas stehen, das auslieferbar ist – im Englischen "deliverable" – und wenn es zum Beispiel darum geht, dass Deine Firma Dir ein Budget für ein Projekt gibt, muss diese wissen, was sie am Ende bekommt und was sie davon hat.

2.3 Gestaltung der Projektkultur

Wenn die Ziele definiert sind, wird das Projekt in einen Projektplan gegossen. Ob Du hier das klassische Wasserfallmodell verwendest oder aber agile Methoden, spielt für das Controlling keine große Rolle. Wichtig ist nur, dass es gemacht wird. Eine große Rolle spielt der Projektstrukturplan.

"Der Projektstrukturplan (PSP) wird in der Regel durch ein hierarchisches Schema dargestellt. Die Aufgabe des PSP besteht in der Aufteilung des kompletten Projektes in alle einzelnen Aktivitäten und zusätzlich der Analyse „der zwischen ihnen bestehenden Reihenfolgebeziehungen"[4]. An der Spitze steht das Hauptziel des Projektes und darunter sind die Teilziele aufgegliedert. Als „Navigator" des Projektes hat der Projektcontroller für die Aufteilung des Projektauftrages in die Teilziele

---

[4] Witzenhausen, A. (2013): Projektmanagement und -controlling; vgl. auch Friedl, B. (2003): Controlling, Stuttgart, Lucius & Lucius Verlagsgesellschaft, S. 81

zu sorgen.[5] Die Teilziele ihrerseits können weiterhin in Unterziele unterteilt werden. Die kleinstteilige Einheit des PSP stellt das Arbeitspaket dar."[6]

Letztlich wirst Du festlegen müssen, wer im Projekt wann was macht und was in den einzelnen Schritt das Ziel ist. Je größer das Projekt umso umfangreicher werden diese Beschreibungen sein und umso detaillierter das Controlling.

In großen Unternehmen wird oft einem Projekt ein Projektantrag vorgeschaltet, in dem die wesentlichen Kennzahlen zur Genehmigung vorgelegt werden.

---

[5] Witzenhausen, A. (2013): Projektmanagement und -controlling; vgl. auch Pieper, A.; Süthoff, M. (1996): Prozessorganisation und Controlling, Köln, Deutscher Instituts-Verlag, S. 15

[6] Witzenhausen, A. (2013): Projektmanagement und -controlling; Kargl, H. (2000): Management und Controlling von IV-Projekten, München, Oldenbourg Verlag, S. 56-58

Als kleine Checkliste kannst Du diese Fragen verwenden:[7]

> ➢ "Wurde er in Übereinstimmung mit den entsprechenden Regelungen (Organisationsanweisungen) erstellt?"

> ➢ "Ist die Argumentation vollständig, in sich schlüssig und für sachkundige Dritte, insbesondere den adressierten Projektinvestor, nachvollziehbar?"

> ➢ "Sind Termin- und Aufwandsschätzungen realistisch (soweit sich das im Vorhinein beurteilen lässt)?"

> ➢ "Sind die Projektergebnisse, also das, was das Projekt liefert, z.B. ein Softwaresystem, klar beschrieben und kann ihre Erreichung festgestellt und gemessen werden?"

> ➢ "Sind die Projektziele, also das, was unter Einsatz oder Nutzung der Projektergebnisse erreicht werden soll, klar beschrieben und kann die Erreichung dieser Ziele (in der Betriebsphase) festgestellt und gemessen werden?"

---

[7] Kütz, M. (2012): Projektcontrolling in der IT, dpunkt.verlag, S. 56

Zwischenmenschliche Beziehungen

Bevor es in die Tiefen der Zahlen im Controlling geht, noch ein Wort zur Kultur in Projekten: Gerade dort, wo das Controlling oft als nüchternes Mittel zur Erfassung von Arbeitsqualität angesehen wird, ist es wichtig, eine Kultur im Projekt zu schaffen, die sowohl Transparenz als auch ein Gemeinschaftsgefühl fördert. Im Projekt müssen alle an einem Strang ziehen und das Controlling sollte als Instrument verstanden werden, das Projekt besser zu machen. Deine Mitarbeiter sollten verstehen, dass nicht sie, sondern die Ziele und Kosten kontrolliert werden. Und auch Du als Verantwortlicher in einem Projekt solltest das Projektcontrolling nicht als Mittel der Mitarbeiterführung sehen. Die zwischenmenschlichen Beziehungen sind mindestens genauso wichtig wie Termine und Kostenstellen.

BEISPIEL:

In einem Softwareprojekt laufen in einem Teilbereich, bei dem es um eine Schnittstelle zu sozialen Medien geht, die Kosten für die aufgebrachte Zeit aus dem Ruder (oder Plan). Die beiden Programmierer und Entwickler brauchen mehr Stunden als veranschlagt. In diesem Fall solltest Du nicht den Mitarbeitern mitteilen, dass sie schneller arbeiten sollen, sondern Dich mit ihnen zusammensetzen. Finde heraus, warum sie mehr Zeit brauchen, denn wenn es Probleme mit der Schnittstelle gibt, kann das auch Auswirkungen auf das gesamte Projekt haben.

2.4 Planungsphase und Budgetkalkulation

Nachdem der Projektstrukturplan festgelegt ist und Du weißt, was Du mit dem Projekt erreichen willst, geht es daran, die Kosten zu planen. Die erste Aufgabe ist es, aufzuschreiben wo überhaupt Kosten entstehen und dann in welcher Höhe. Du wirst sehen, dass diese Kosten von Projekt zu Projekt verschieden sind. Bei Dienstleistungsunternehmen sind es meistens Zeitkosten und Personalkosten, bei Unternehmen in der Produktion auch Materialkosten.

Je besser Du die Kosten planst, umso genauer kannst Du im Projektverlauf sehen, wie erfolgreich und vor allem profitabel es verläuft. Dabei gibt es viele Fallstricke: So kann es sein, dass bestimmte Kosten, zum Beispiel mit einem Drittanbieter, nachverhandelt werden, Du aber vergisst, sie im Plan zu aktualisieren. Ein klassischer Fehler ist, dass Du Kosten insgesamt zu niedrig ansetzt, um das Projekt nicht zu teuer aussehen zu lassen. Oftmals wird aber der Personaleinsatz unterschätzt. Bei Bauprojekten gehört die Preissteigerung von Material während des Projektverlaufs zu einem Risiko, welches eingeschätzt werden muss.

Bei Dienstleistungen wirst Du aber auch schon beim Leistungsumfang präzise arbeiten müssen. In Softwareprojekten oder bei Designarbeiten muss klar festgelegt sein, welche Leistungen erbracht werden. Deshalb ist es meistens auch besser, entweder leistungsbezogen vergütet zu werden oder aber bei einem festen Budget ganz klar aufzuschreiben, welche Leistungen Du für dieses Geld erbringen wirst.

Die Beratungsagentur PricewaterhouseCoopers hat 2013 eine Studie veröffentlicht, die sich mit dem Projektcontrolling in Unternehmen des Anlagenbaus und der Bauindustrie beschäftigt hatte. "Die Studie zeigt, dass es noch Optimierungsbedarf bei der Erstellung der Angebots- und Budgetkalkulation gibt. Informationen aus operativen Einheiten werden oftmals nicht genutzt und Änderungen bei Kosten und Leistungsumfang, besonders während der Verhandlungsphase, werden nicht nachhaltig quantifiziert. Nachholbedarf besteht folglich in der Erstellung belastbarer Angebote und Budgets. Diese Erkenntnis deckt sich mit den Ergebnissen aus unseren Projekt-Reviews: Die Ursachen für Abweichungen in der Umsetzungsphase sind häufig in der Planungsphase zu finden. In der Praxis ist oftmals zu beobachten, dass die Komplexität und der Leistungsumfang des Turnkey Business und die damit einhergehenden Risiken unterschätzt werden. Hier führen schon einzelne vergessene oder fehlerhaft geschätzte Kalkulationspositionen schnell dazu, dass das Projekt nicht mehr profitabel ist."[8]

---

[8] PwC (2013): Projektcontrolling, S. 12

2.5 Die Projektpakete

Ein Projekt lässt sich, was die Kosten und auch das Projekt an sich angeht, in Arbeitspakete unterteilen, die man kostenmäßig recht genau darstellen kann. In der Planungsphase wirst Du festlegen müssen, welche Arbeiten im Projekt gemacht werden und welche Ressourcen und Kosten dafür notwendig sind. Diese dann auf die einzelnen Arbeitspakete herunterzubrechen ist schon deshalb sinnvoll, weil Du viel schneller sehen kannst, ob Kosten aus dem Rahmen laufen. Im klassischen Projektmanagement sind das vor allem die Meilensteine, die erreicht werden müssen, und die dann meist auch Anlass für eine Überprüfung des Projekts sind.

Bei der Arbeit wirst Du nicht alles planen können: "In Arbeitspaketspezifikationen wird nicht jedes einzelne Arbeitspaket spezifiziert, sondern nur die wichtigsten und die unklaren Arbeitspakete. Der kritische Weg ist wichtig, um jene Arbeitspakete detailliert zu planen, die keinesfalls verzögert werden dürfen und somit wesentlich für den Projekterfolg sind. Die Summe der

Arbeitspakete ergibt den gesamten Leistungsumfang eines Projektes."[9]

Nachdem festgelegt wurde, was gemacht werden soll, kommt der Teil, in dem beantwortet wird, wann es gemacht werden soll. Jedes Paket, jeder Meilenstein und das Projekt müssen mit einem Zeitaufwand versehen werden. Diese Arbeitsstunden sind ein wesentlicher Teil der Kostenrechnung und spielen dann auch im operativen Controlling eine Rolle. Aber gerade die Zeitberechnung birgt einige Risiken:

- Du bist zu optimistisch und denkst, das Projekt kann in einigen Wochen erledigt werden (was dazu führt, dass die veranschlagten Personalkosten nicht ausreichen und das Projekt teurer wird als gedacht).

- Du bist zu pessimistisch und veranschlagst zu hohe Stundenzahlen (was am Ende zwar Geld spart, aber während des Projekts Ressourcen bindet, die an anderer Stelle effektiver gewesen wären).

---

[9] Priessnig, M. (2015): Die Vermeidung von Risiken mittels Projektcontrolling, S. 35

- Du verschätzt Dich völlig, weil Dir die Berechnungsgrundlage wird. Das Projekt führt schnell ins Chaos, weil manche Meilensteine zu früh und andere gar nicht erreicht werden können.

Je genauer Du den Zeitaufwand planen kannst, umso einfacher wirst Du es später bei der Überwachung der Kosten für das Projekt haben. Der Zeitaufwand ist eng verbunden mit der Arbeit, die gemacht werden soll: Je klarer definiert ist, was die jeweiligen Aufgaben sind, umso einfacher lässt sich der Zeitaufwand berechnen und damit auch der Personalaufwand.

"Die Kostenplanung sollte auf Arbeitspaketebene stattfinden, um die Schätzungsfehler durch die bessere Überblickbarkeit so gering wie möglich zu halten. Die schwankende Mitarbeiterproduktivität und die unzureichende Berücksichtigung von Qualitätsmerkmalen sind häufig auftretende Probleme.

Dennoch ist zu bemerken, dass eine ungenaue Kostenschätzung immer noch besser für die Projektverfolgung ist, als gar keine Planung der Kosten.“[10]

2.6 Materialkosten

Je nachdem, welches Projekt Du umsetzen willst, wirst Du Materialkosten haben. Bei einem Hausbau sind diese etwas augenscheinlicher als bei einer Dienstleistung, die zum Beispiel über Computer durchgeführt wird. Aber, auch wenn Du nur Webseiten entwickelst, wirst Du Material brauchen. In manchen Fällen kann es sein, dass Du eine bestimmte Software kaufen musst, um die Aufgabe durchführen zu können. Architekten müssen sich manchmal bestimmte Bibliotheken auf die Rechner laden, weil ein Kunde etwas ausgefallene Wünsche hat. Diese Kosten sind direkt mit dem Projekt verbunden und müssen deshalb diesem auch zuge-

---

[10] Priessnig, M. (2015): Die Vermeidung von Risiken mittels Projektcontrolling, S. 35; vgl. auch Mehrmann, E.; Wirtz, T. (1999): Effizientes Projektmanagement - Erfolgreiche Konzepte entwickeln und realisieren, 3. Auflage, Düsseldorf, Econ & List Verlag, S. 80 f.

schrieben werden, selbst wenn die Software später nochmals verwendet werden kann.

BEISPIEL:

In einem Projekt der deutsche GIZ sollte eine Software entwickelt werden, mit der Forstmitarbeiter in Vietnam per Telefon bestimmte Mangrovenarten bestimmen und kartieren sollten. Man wollte wissen, wie es um die Biodiversität bestellt ist. Auf dem Computer lief die Software hervorragend, bis man sie dann auf einem Projekt-Handy testete. Es zeigte sich, dass dieses kein GPS hatte und man musste deshalb eigene GPS-Geräte kaufen, um die Bäume auch lokalisieren zu können. Erst nach dem Test mit mehreren Modellen fand man eines, dass auch wirklich den Anforderungen entsprach und die GPS-Daten ans Handy weitergeben konnte. In der Projektplanung hatte man lediglich Kosten für die Mitarbeiter der Forstmitarbeiter eingeplant, nicht aber für die Entwicklung.

2.6.1 Gemeinkostenrechnung

Ein wichtiger Hinweis gilt der Gemeinkostenrechnung. Bei der Erstellung des Projektkostenplans werden diese gerne vergessen oder vernachlässigt. Das Problem liegt darin, wie sie zugeordnet werden und hängt auch ein wenig davon ab, wie das Projekt im Unternehmen selbst verankert ist. Als Gemeinkosten werden jene Kosten berechnet, die bereits vorhanden sind, bevor das Projekt gestartet wurde. Solche können sein:

- Kosten für IT

- Miete für das Gebäude

- Heizkosten

- Kosten für Personal in anderen Abteilungen, zum Beispiel Buchhaltung und Personalabteilung

- Reisekosten mit Firmenwagen

- Büromaterial

Wie detailliert Du diese beschreibst, hängt davon ab, wie groß das Projekt ist und wie viele dieser Kosten entstehen können. Da für Projekte immer bessere Prozesse verwendet werden und damit Zeit und Geld gespart wird, nimmt der Anteil der Gemeinkosten prozentual immer mehr zu – auch weil es höhere Anforderungen zum Beispiel an die IT, manchmal aber auch an die Rechtsabteilung gibt, wenn Patente zum Beispiel eine Rolle spielen.

Eine Hilfe kann der so genannte Kostenwürfel sein, der in drei Dimensionen die Kosten darstellt, die in einem Unternehmen, aber auch in einem Projekt entstehen und wie sie eingeordnet werden können.

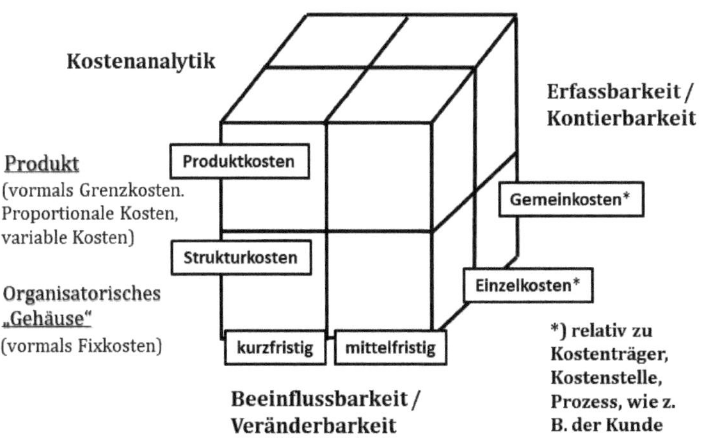

Abbildung 3: Kostenwürfel[11]

---

[11] Eigene Darstellung in Anlehnung an Deyhle, A.; Radinger, G.: Kostenwürfel. URL https://www.controlling-wiki.com/de/index.php/Kostenwürfel [Stand: 20-04-2019]

Mit dem Kostenwürfel kann man die Begriffe, die Du im Controlling benutzt, etwas besser darstellen und in Zusammenhang bringen. Es geht darum zu verstehen, wie die verschiedenen Methoden und Anwendungen zusammenhängen. Die dreidimensionale Struktur soll auch zeigen, wie komplex die Kostenstruktur ist, und dass Du in der Lage sein musst, in verschiedenen Ebenen zu denken. In der senkrechten Ebene findest Du die Kosten nach der Herkunft sortiert, in der waagrechten Ebene wird die Zeit und die Möglichkeit, die Kosten zu beeinflussen, aufgeschrieben. Die dritte Ebene stellt schließlich die Bezugsobjekte dar, denen die Kosten zugeordnet werden können.

Wie sieht das nun im Detail aus?

Produktkosten / Strukturkosten (senkrechte Denkachse):
In der senkrechten Dimension wirst Du differenzieren müssen, welche Kosten durch die Art der Produkte entstehen und welche durch die Struktur des Unternehmens. Du wirst Produktkosten schon deshalb haben müssen, weil erst durch sie ein Produkt oder eine Dienstleistung geschaffen werden kann.

Hinzu kommen dann die Kosten, die durch das Unternehmen an sich entstehen. Sie stehen nicht direkt in Zusammenhang mit dem Produkt (oder Deinem Projekt), sind aber ein wichtiger Kostenfaktor. Oft werden sie auch als Fixkosten bezeichnet. Dazu gehören Mieten, Strom und ähnliche Kosten.

Beeinflussbarkeit kurz- oder mittelfristig (waagrechte Denkachse):

Die Unterteilung in verschiedene Beeinflussbarkeiten soll vor allem darstellen, dass es Entscheidungen geben muss, was kurzfristig und was zumindest mittelfristig gelöst werden soll. Oftmals wird hier auch der Begriff der Verantwortlichkeitsrechnung verwendet.

Einzel- und Gemeinkosten (Denkachse in die Tiefe):

In der dritten Dimension liegen dann die Einzel- und Gemeinkosten. Letztere sind zu unterscheiden von den Fixkosten. Die Gemeinkosten werden auf das jeweilige Projekt oder Produkt anteilig angerechnet. So ist ein Buchhalter zwar auch Teil der Strukturkosten, muss aber auch anteilig bei den Gemeinkosten für das Produkt verbucht werden. Die Materialkosten hingegen sind ganz klar einem Produkt oder Projekt zuzuordnen.

Auch hier kannst Du wieder eine Zeitachse anlegen: Manche Kosten sind mittelfristig beeinflussbar, andere eher langfristig.

2.6.2 Forecast

Einer der schwierigsten Bereiche im Projektcontrolling sind die Vorhersagen. Da eine Kristallkugel nicht hilft, wirst Du versuchen müssen, aufgrund der vorhandenen Daten und auch Deiner Erfahrung, Kosten in den einzelnen Bereichen so gut wie möglich vorhersagen zu können.

"Der Forecast ist ein Steuerungsinstrument des Controllings und wird vor allem dafür eingesetzt, die kurzfristige und mittelfristige Zielerreichung zu kontrollieren und zu unterstützen."[12] Das bedeutet, er wird nicht allein in der strategischen Planung eingesetzt, sondern vor allem auch im operativen Teil des Projektcontrollings. Haufe beschreibt den Forecast wie folgt: "Die Vorschlagswerte für die künftigen Perioden werden

---

[12] Nasca, D. (2018): Definition – Was bedeutet Forecast im Controlling. URL:
https://www.haufe.de/controlling/controllerpraxis/forecast-controlling/definition-was-bedeutet-forecast-im-controlling_112_453392.html [Stand: 15-04-2019]

mittels verschiedener mathematischer Ansätze berechnet. Diese Ansätze bauen meist auf einer Fortschreibung der Ist-Entwicklung auf. Durch den Einsatz von Zahlenreihen aus der Vergangenheit können Verfeinerungen vorgenommen werden, die z.B. eine bestimmte Saison abbilden. Ist das Umfeld des Unternehmens allerdings von starken Veränderungen betroffen, ist der Einsatz von Trends und Statistiken weniger geeignet. Eine Steigerung der Flexibilität kann dann durch die Verbindung der Trends und Statistiken mit assimilierbaren Planprämissen erzielt werden."[13]

Bei der strategischen Planung spielt der Forecast vor allem eine Rolle, weil die notwendigen Planungen und Instrumente bereitgestellt werden müssen, um später im Projekt selbst überhaupt Vorhersagen machen zu können. In den meisten Fällen wird Dir Software dabei helfen, einen Weg durch den Datendschungel zu finden. Aber Du wirst auch selbst nach Quellen suchen müssen, die vor allem die weichen Faktoren ausmachen: Trendstudien, Entwicklungen in den Märkten,

---

[13] Nasca, D. (2018): Methoden des Forecast im Controlling. URL: https://www.haufe.de/controlling/controllerpraxis/forecast-controlling/methoden-des-forecast-controlling_112_453404.html [Stand: 15-04-2019]

Entwicklungen in Rohstoffmärkten und eigentlich alles, was von außen Dein Projekt betreffen und verändern kann.

Während Zahlen meist eine annähernd lineare Fortschreibung haben, sind Ereignisse schwerer zu beziffern. Und dennoch wirst Du versuchen müssen, den Einfluss von Effekten und Maßnahmen auch in den Vorhersagen darzustellen. Es wird meistens zwischen dem effektbasierten und dem werttreiberbasierten Forcast unterschieden. Bei Letzterem geht es immer darum, zu sehen, welche Werte und Profite generiert werden können. Gerade bei Firmen mit Quartalsergebnissen und Shareholdern spielt das oft eine Rolle.

Bei den Vorhersagen wirst Du in der Regel die Zahlen in Prozenten angeben. Beim EBIT sieht das zum Beispiel wie folgt aus:

EBIT Ist (EUR) - EBIT Forecast (EUR) / EBIT Forecast (EUR) * 100

Du kannst auch den Forecast selbst kontrollieren, indem Du Kennzahlen festlegst, in welchen Zeiträumen die Vorhersagen angepasst werden, und dann nachschaust, wie gut oder schlecht der Forecast eine Prognose abgegeben hat. Meistens liegt es in der Hand der Geschäftsleitung oder der Projektleitung, festzulegen, wann neue Berechnungen angestellt werden. In der strategischen Planung solltest Du das berücksichtigen und in den Projektplan für das Controlling mit einarbeiten.

2.6.3 Projektrisiken

Jedes Projekt birgt Risiken in sich. Im Controlling geht es darum, diese Risiken darzustellen, vorherzusagen und bei Eintreten geeignete Maßnahmen vorzuschlagen, vor allem was die finanzielle Seite angeht. "Risiko ist die Möglichkeit des Eintritts eines Ereignisses mit negativen Folgen. Für Unternehmen drückt sich dies entweder quantitativ, meist in Form von direkten monetären Verlusten, oder qualitativ z. B. als Reputationsschaden aus. Qualitative Risiken gehen immer mit potenziellen Kosten oder Verlusten einher. Allerdings ist diese Verbindung oft nicht direkt offensichtlich, was die Handhabe qualitativer Risiken erschwert. Um die Handhabe zu vereinfachen, ist eine geordnete Darstellung der Unternehmensrisiken hilfreich."[14]

Unternehmen stehen meistens vier verschiedenen Risiken gegenüber:

Marktrisiko: Hier kann sich plötzlich der Markt verändern, zum Beispiel durch einen neuen Mitbewerber oder aber Kunden verändern ihre Kaufgewohnheiten.

Finanzielles Risiko: Kunden bezahlen keine Rechnungen, Banken kündigen Kredite, Forderungen von Lieferanten müssen beglichen werden, Kosten für Löhne oder Rohstoffe steigen erheblich.

Risiko im Arbeitsablauf: Prozesse im Arbeitsablauf sind gestört, es kommt zu massiven Ausfällen durch Krankheit, Maschinen arbeiten nicht wie gewohnt, ein Streik lähmt die Arbeit.

---

[14] Rodenstein, Dr. M.: Integriertes Risikomanagement – Vorgehensweise und Erfolg. URL:
https://www.haufe.de/controlling/controlling-office/integriertes-risikomanagement-vorgehensweise-und-erfolg-11-risiko_idesk_PI914_HI8007813.html [Stand: 23-03-2019]

Reputationsrisiko: Ob Shitstorm oder Rückrufaktion, ein Unternehmen ist immer auch der öffentlichen Meinung ausgesetzt. Aber auch die wirtschaftliche Performance spielt eine Rolle, zum Beispiel für potenzielle Investoren und Banken, die Kredite vergeben wollen.

Das sind aber nur die allgemeinen Risiken, die ein Unternehmen betreffen, aber natürlich auch Einfluss auf Dein Projekt haben können. Im Projekt selbst gibt es noch sehr spezifische Risiken:

Zeitplan: Das größte Risiko in fast allen Projekten ist, dass man den Zeitplan nicht einhält und damit die Kosten steigen, aber auch der Kunde unzufrieden wird.

Kostenrisiko: Wer schlecht geplant hat, läuft Gefahr, dass eine Kostenexplosion das Projekt gefährden kann. In den meisten Fällen ist das hausgemacht, es kann aber auch externe Faktoren geben, wie plötzliche Preiserhöhungen bei Lieferanten.

Operationelles Risiko: Auch das ist eine große Gefahr, denn es kann passieren, dass die Prozesse, die in der Planung vereinbart wurden, in der Realität nicht so laufen wie gewünscht. In manchen Fällen ist nur der Ablauf nicht optimal, es kann aber auch sein, dass die falschen Mitarbeiter zusammenarbeiten oder aber, dass die notwendigen Ressourcen nicht vorhanden sind. Während diese Risiken meist schon in der Vorbereitung gesehen werden können, sind andere Störungen oft überraschend: Ein Server kann sich verabschieden, der Strom fällt aus, oder Mitarbeiter werden von der Geschäftsleitung zu einem anderen Projekt abgezogen.

Daniel Scharfegger verweist in seiner Arbeit auf die Wichtigkeit des Risikomanagements in der Projektplanung:[15]

"Bei der Abwicklung eines Projektes müssen schon im Vorfeld Risiken identifiziert, bewertet und passende Präventivmaßnahmen eingeplant werden. Für eine

---

[15] Scharfegger, D. (2012): Konzeption und Vorbereitung der Implementierung eines F&E-Projektcontrollings, S. 30

effiziente Identifikation von Risiken müssen die Projektziele klar definiert werden, aber es können sich diesbezüglich auch Erfahrungswerte aus früheren Projekten als nützlich erweisen. Des Weiteren sind Checklisten, in welchen die wichtigsten Risikofaktoren in Risikogruppen gegliedert sind, hilfreich für die Risikoidentifikation.[16]

In der Risikobewertung werden die analysierten Risiken mit einem vertretbaren Projektrisiko verglichen. In der Praxis werden Punktbewertungen der Eintrittswahrscheinlichkeit bzw. der Auswirkung eines Risikos sowie Risk-Maps als Bewertungsverfahren verwendet. Niedrige bzw. mittlere Risiken werden größtenteils toleriert, da Maßnahmen zur Risikominderung meist sehr kostspielig sind.

Handelt es sich um ein sehr hohes Risiko, sind Gegenmaßnahmen zur Bewältigung der projektgefährdenden Risiken zu planen.[17]

---

[16] vgl. auch Fiedler, R. (2008): Controlling von Projekten, 4. Auflage, Wiesbaden, Vieweg + Teubner, S. 65

[17] vgl. auch Fiedler, R. (2008), S. 66 ff.

Je größer und flexibler ein Projekt ist, desto höher ist meistens das Risikopotenzial. Ein professioneller Umgang mit Projektrisiken ist daher wichtig und es genügt nicht, Risiken nur zu Beginn zu identifizieren und Maßnahmen zu setzen. Das Risikomanagement muss ein kontinuierlicher Prozess sein, in dem eine ständige Risikoüberwachung über die gesamte Projektlaufzeit durchgeführt wird."

In der bereits angesprochenen Studie von PwC haben die Berater gefragt, in welchen Bereichen des Projektcontrollings die Risikoabschätzung eine Rolle spielt. Etwa 71 Prozent der befragten Bauunternehmer und Anlagenbauer gaben an, dass die Risiko- und Chancenanalyse im Projektmanagement eingesetzt wird. Im Bereich Technik waren es nur noch 66 Prozent und im Service gar nur 11 Prozent. Die Hälfte der Befragten gab an, dass sie Risiken nicht nur erfassen, sondern auch bewerten und die daraus resultierenden Maßnahmen auch verfolgen. Knapp 38 Prozent erfassen die Risiken, bewerten sie aber nicht und 6 Prozent verfolgen die Maßnahmen nicht.

Der Rat der Berater ist: "Der Schwerpunkt des Risiko- und Chancenmanagements liegt in der gezielten Vermeidung von Risiken und der Identifikation von Chancen. Es ist daher notwendig, das Projektcontrolling und die Projektorganisation gleichermaßen für dieses Thema zu sensibilisieren und kontinuierlich Risiken und Chancen zu quantifizieren sowie die daraus abgeleiteten Maßnahmen zu verfolgen. Ein starkes Risiko- und Chancenmanagement setzt bereits in der Planungsphase an und legt Verantwortlichkeiten für die Durchführung erforderlicher Maßnahmen fest. Wichtig ist, dass die Risikovorsorge als Kostenposition im Projekt betrachtet wird und die Projektverantwortlichen die Möglichkeit haben, Anpassungen vorzunehmen."[18]

---

[18] PwC (2013): Projektcontrolling - Warum Kosten so oft für böse Überraschungen sorgen, S. 26

2.7 Szenarien

Wenn Du die Risiken eines Projekts bestimmt hast, kannst Du diese auch in verschiedene Szenarien einfließen lassen. Je größer und bedeutender ein Projekt ist, umso wichtiger wird es, diese Szenarien auch durchzurechnen. Du willst nicht wirklich warten, bis die Kosten plötzlich explodiert sind und dann versuchen, das Geld irgendwo einzusparen oder gar Kredite aufzunehmen.

Meistens wirst Du **drei Szenarien** vorfinden:

- **Worst case**

- **Expected case**

- **Best case**

Der Expected Case ist das Szenario, mit dem Du normalerweise Dein Projekt berechnest. Auch hier gibt es Risiken, meistens aber in Form von geringen Schwankungen bei Gehältern, Veränderungen im Projektplan oder Ähnlichem.

Der Worst Case tritt ein, wenn entscheidende Faktoren des Projekts (und vor allem seiner Kosten) sich dramatisch ins Negative verschieben. Bei Projekten, die mit Produktion zu tun haben, sind das:

- Kostensteigerungen durch höhere Rohstoffpreise

- Kostensteigerungen durch höhere Zulieferkosten

- Kostensteigerungen durch höhere Fertigungskosten

Aber auch andere Firmen können solche Szenarien erleben und Du musst überlegen, welcher der schlimmste Fall ist, der eintreten kann. Manchmal sind das auch verschiedene Szenarien: Wenn in einer kleinen Firma zwei Mitarbeiter kündigen, kann das schon erhebliche Auswirkungen haben. Das Gleiche gilt, wenn einer der Zulieferer pleitegeht. Eine andere Gefahr kann darin bestehen, dass die Bank keine Kredite gibt oder Kunden andere Projekte nicht bezahlen und der Cashflow ins Stocken gerät.

Den Best Case solltest Du ebenfalls beschreiben, auch wenn hier keine Gefahr droht. Für das Controlling ist das aber wichtig, denn wenn Du bei der Hälfte des Projekts siehst, dass ihr zwei Monate früher fertig werdet, kannst Du wertvolle Ressourcen bereits für andere Projekte verplanen. Der Best Case kann auch bedeuten, dass zum Beispiel weniger Geld aufgebracht werden muss, was wiederum Auswirkungen auf den Cashflow in die Kredite innerhalb des Unternehmens haben kann.

Du solltest Dir in der Planung wirklich die Zeit nehmen, Dich mit Deinen Mitarbeitern zusammenzusetzen und diese Szenarien zu formulieren und sie dann entsprechend in die Kostenberechnungen einzuarbeiten. Überlege, welche Auswirkungen diese Szenarien für die unterschiedlichen Kostenstellen haben könnten. Du wirst das für den zu erwartenden Projektverlauf ohnehin tun müssen, nimm Dir aber die Zeit, das zumindest auch für das oder die Worst Case Szenarien durchzuspielen.

2.8 Fertigungskosten

Die Fertigungskosten sind neben den Materialkosten die wichtigste Kostenstelle in einem Unternehmen, aber auch in einem Projekt. Sie sind aber gerade bei Projekten, in denen es wenig Materialeinsatz gibt, manchmal schwer darzustellen. Bei einem Hausprojekt oder dem Bau einer Maschine sind die Materialkosten recht eindeutig: Beton, Stahl und Ähnliches. Bei einem Softwareprojekt oder einem Projekt, in dem es um Verbesserung von Arbeitsprozessen geht, ist das schon eine etwas aufwendigere Angelegenheit. Grundsätzlich werden Fertigungskosten wie folgt beschrieben:

In der betriebswirtschaftlichen Rechnung stellen die Fertigungskosten einen Teil der Herstellungskosten dar, welche sich auf den reinen Produktionsprozess beziehen – losgelöst von den materialtechnischen Komponenten, die in die Produktion einfließen. Ferner sind auch nach- und vorgelagerte Prozesse wie z. B. Kosten der Produktionsplanung oder auch qualitative Endkontrollen sowie Gemeinkosten in diesen inkludiert.[19]

Sie setzen sich zusammen aus den

- Fertigungseinzelkosten

- Fertigungsgemeinkosten

- Sondereinzelkosten der Fertigung

Die Fertigungseinzelkosten sind jene Kosten, die direkt zugeordnet werden können, zum Beispiel die Gehälter der Mitarbeiter an einem Projekt. Die Sondereinzelkosten sind solche, die zum Beispiel durch den Erwerb von Softwarelizenzen entstehen, können aber auch die Kosten für externe Berater sein, die man sich für ein Projekt ins Haus holt.

Je nachdem, welche Art von Projekt Du hast, werden die Fertigungskosten eine große oder eine eher nachgeordnete Rolle spielen. Wann immer etwas produzieren wird, solltest Du diese Kosten genau im Auge ha-

---

[19] Hummel. S.; Männel, W. (1986): Kostenrechnung 1 – Grundlagen, Aufbau und Anwendung, 4. Auflage, Wiesbaden, betriebswirtschaftlicher Verlag Gabler, S. 271

ben. Sie sind als Kosten auch in der Betriebswirtschaft eine wichtige Größe und sollten damit auch in der Bilanz ausgewiesen werden.

Bei Projekten, die eher auf Ideen basieren und keine physikalischen Produkte haben, kannst Du Dich etwas entspannen, was die Fertigungskosten betrifft. Dennoch solltest Du zumindest in der Planungsphase wissen, um was es sich dabei handelt und ob diese in Dein Projektcontrolling eingearbeitet werden müssen.

2.9 Leistungsverrechnung

Bei großen Unternehmen, die mehrere Untergesellschaften haben, wird die Leistungsverrechnung bei Projekten dann eine große Rolle spielen, wenn mehrere Einheiten am Projekt arbeiten und Leistungen für dieses Projekt erbringen. Das hat dann zum einen Einfluss auf die Kosten, zum anderen aber auch wichtige steuerliche Aspekte. Bei einem kleineren und mittleren Unternehmen sind es meistens andere Betriebseinheiten, die Leistungen erbringen. Diese darfst Du aber nicht mit den Gemeinkosten verwechseln, die nachfolgend erklärt werden. Bei der Leistungsverrechnung geht es um echte Arbeit (oder Material), welche von anderen Einheiten des Unternehmens in das Projekt eingebracht wird.

BEISPIEL:

In einer Software- und Webentwicklungsfirma soll eine Webseite mit WordPress entwickelt werden. Das Projekt wird vom WordPress-Team auch geführt, außerdem kommen noch zwei Gestalter hinzu. Man stellt aber auch fest, dass man ein bestimmtes Formular entwickeln muss, bei dem ein Programmierer helfen muss. Man braucht ihn nicht für das komplette Projekt, sondern nur für diese eine Aufgabe. Diese Leistung kann dann von der Programmier-Abteilung erbracht werden, muss aber als Kosten dem Projekt zugeordnet werden.

Diese Leistungsverrechnung stellt zwar zunächst einmal nur eine interne Verrechnung dar, aber sie gibt Dir wertvolle Daten für die Gesamtkosten des Projekts. Deshalb solltest Du Stundensätze auch dann einkalkulieren, wenn sie von Mitarbeitern einer anderen Abteilung berechnet werden.

2.10 Gemeinkosten

Die Gemeinkosten stellen eine der größten Herausforderungen dar, wenn es um die Kostenplanung eines Projekts geht. Du wirst hier eigentlich alle anteiligen Kosten einrechnen müssen, alle Kosten für das Gebäude, Wasser, Strom, Putzkosten und vieles mehr. Solche Kosten entstehen aber auch durch Gehälter, zum Beispiel die der Personalabteilung oder der Geschäftsführung. Wenn bei einem Projekt die Teammitglieder auch nur teilweise mitarbeiten, wirst Du überlegen müssen, ob ein Teil des Gehaltes in die Kostenrechnung mit einfließt.

Es gibt keine genaue Anweisung, wie diese Gemeinkosten einem Projekt zugeordnet werden, manche nehmen einen Pauschalbetrag, andere versuchen jeden Cent zu kalkulieren. Im betriebswirtschaftlichen Rechnungswesen werden dafür die Zuschlagssätze verwendet. Für Dich ist vor allem wichtig, wie hoch die Gemeinkosten in Deinem Unternehmen an sich sind und wie die Arbeit auf Kostenstellen aufgesplittet ist. Je nach Kostenstellenstruktur lässt sich dann ein Projekt diesen Kostenstellen zuordnen, oder aber Du machst ein eigenes Konto für Projekte auf. Die Größe eines

Projekts und die Art ist auch entscheidend: Bei kleineren Dienstleistungen, die sich über wenige Monate ziehen, spielen die Gemeinkosten keine so große Rolle. Nimmt das Projekt aber einen großen Teil der Unternehmensressourcen in Anspruch, dann wirst Du versuchen müssen, diese Kosten auch einigermaßen präzise darzustellen. Auch hier gilt: Je besser Du im Voraus planst, umso mehr Daten hast Du später zur Verfügung, um das Projekt kontrollieren zu können.

3. Operatives Projekt-controlling

Beim operativen Projektcontrolling wirst Du nun alle Planungen in die Tat umsetzen. Je besser Deine Planung und die strategische Projektplanung ist, umso einfacher wird es Dir später fallen, diese im Tagesgeschäft auch überprüfen zu können.

Das operative Projektcontrolling dient dazu, die Ist-Werte mit den Soll-Werten zu vergleichen. Das wird in den meisten Fällen über Kosten gemacht, kann aber auch andere Werte haben. Zeit ist zum Beispiel auch ein Faktor, der wichtig ist: Wenn bei einem Projekt eine bestimmte Stundenanzahl mit dem Kunden vereinbart ist, wirst Du schauen müssen, dass diese nicht überschritten werden.

Das operative Projektcontrolling ist auch kein Selbstzweck: es geht nicht darum, Kosten und Fortschritt zu überwachen, sondern vor allem rechtzeitig zu sehen, ob es Veränderungen gibt, die ein Einschreiten verlangen. Das Controlling hilft Dir, Dein Projekt besser und erfolgreicher zu machen.

Keinesfalls sollte das Projekt-Controlling als Performance-Indikator für Mitarbeiter verwendet werden. Ein Projekt ist Teamarbeit und wenn etwas schiefgeht und das Ist mit dem Soll nicht übereinstimmt, solltet ihr euch zusammensetzen und das Problem gemeinsam analysieren.

Controlling überwacht ein Projekt (oder Unternehmen) und seine Kosten, nicht seine Mitarbeiter.

3.1 Projektkontrolle

Du wirst in der strategischen Projektplanung alle entstehenden Kosten und Aufwände aufgelistet haben. Diese stellen die Soll-Situation dar. Vereinfacht gesagt, musst Du diese nur mit der Ist-Situation vergleichen. Genau das kann aber sehr kompliziert werden.

Meistens gibt es in einem Projekt **drei Bereiche**, die überwacht werden müssen:

1. **Kosten**

2. **Zeit**

3. **Projektfortschritt (Meilensteine)**

Stelle Dir vor, dass ein Projekt eine Reise zu einem fernen Ziel ist und es auf dem Weg dahin immer wieder zu Veränderungen und Behinderungen kommen kann. Aus diesem Grund ist es wichtig, laufend den Standort und den Kurs neu zu bestimmen. Das Controlling hat die Aufgabe, die Vielzahl an Informationen im Projekt zu einem Steuerungsinstrument zu verdichten. In einem periodisch und inhaltlich angepassten Berichtswesen müssen Ist-Daten gesammelt sowie Trendaussagen und Handlungsalternativen daraus erstellt werden. Auf diese Weise kann ein funktionierendes Frühwarnsystem aufgebaut werden.

3.1.1 Ist-Zustand

Der Ist-Zustand ist immer ein Abbild des Projekts zu einem bestimmten Zeitpunkt. Er verändert sich ständig und Du wirst Dir überlegen müssen, in welchen Zeitabständen Du am besten den Ist-Zustand überprüfen musst.

Man kann diese Ist-Kosten auch wie folgt unterteilen: [20]

Termine: Ist-Start und Ist-Ende der laufenden Arbeitspakete, noch zu erwartende Dauer (Restdauer)

Kosten: Ist-Kosten, noch zu erwartende Kosten (Restkosten)

---

[20] Priessnig, M. (2015): Die Vermeidung von Risiken mittels Projektcontrolling, S. 50

Ressourcen: Bis zum Stichtag eingesetzte Mengen (Personalstunden, Materialmengen und dgl.), noch zu erwartende Mengen (Restmengen)

Leistung (Qualität, Quantität): Prozentualer Fertigstellungsgrad je Arbeitspaket, Abnahmeergebnisse, durchgeführte Qualitätsprüfungen, Dokumentation der Erfüllung von Qualitätsmerkmalen

Priessnig weist zu Recht darauf hin, dass die Kontrolle immer auch mit dem Blick auf das Ziel zu erfolgen hat. "Ein wesentlicher Punkt im Zuge der Erfassung der Ist-Situation, dem oft im Controlling nicht mehr genug Aufmerksamkeit geschenkt wird, ist die Zielbetrachtung. Der Projektcontroller ist dafür verantwortlich, dass Zielabweichungen ebenfalls erfasst werden. Änderungen müssen gleichermaßen analysiert werden wie in der Projektplanungsphase. Zusätzlich benötigte Mittel und Ressourcen müssen geplant und in den Projektstrukturplan aufgenommen werden. Jedes Projektteammitglied sollte das Recht haben, Änderungen in den Zielvorstellungen anzusprechen und neue Zieldefinitionen anzustoßen."[21]

---

[21] a. a. O.

In Projekten werden **Meilensteine** oft dazu benutzt, ein Zwischen-Ziel zu formulieren, aber auch als Gelegenheit, um den Fortschritt des Projekts zu messen. Wenn Du mit einem klassischen Projektmanagement arbeitest, kann Du gerade bei kleineren Projekten diese Meilensteine auch als Zeitraum für die Darstellung des Ist-Zustandes verwenden.

Bei **Agilen Projekten** ist das etwas schwieriger, denn es fehlen diese klaren Zeiträume. Wenn Du **Scrum** benutzt, ist das Ende eines Sprints meistens ein guter Moment, um die Kosten zu überprüfen und nachzusehen, wie das Projekt insgesamt dasteht.

Du kannst auch selbst einfach einen Zeitraum bestimmen und zum Beispiel jeden Donnerstag die Ist-Situation abfragen. Das gibt Dir die Gelegenheit, bei Abweichungen und Problem am Freitag noch das Team zusammenzurufen und zu besprechen, wie man in der kommenden Woche an Lösungen arbeiten kann.

So ein Gespräch mit dem Team, auch Projektfortschrittgespräche genannt, sollte ohnehin wöchentlich stattfinden. Je nach Projektmanagement wirst Du solche Zusammenkünfte in verschiedenen Stadien haben.

Auch wenn das Projektcontrolling als eigene Ebene neben dem Projekt läuft, sollten diese Meetings die Schnittstelle darstellen. In jedem Projektmeeting sollte das Controlling ein Teil der Agenda sein.

3.1.2 Ampelcontrolling

Unter dem Ampelcontrolling versteht man eine Steuerungsmethode, die sich an einer Verkehrsampel orientiert. Sie verwendet die Farben rot, gelb und grün als eine Visualisierung des Zustandes eines Projektteils oder eines Tasks. Gerade da, wo immer mehr Zahlen zusammenkommen und Graphen oftmals nicht jedem verständlich sind, kann eine Visualisierung sehr hilfreich sein. Die Ampelfarben bedeuten:

Grün: Alles im grünen Bereich, das Projekt liegt im oder unter dem Planansatz.

Gelb: Bestimmte Bereiche zeigen Abweichungen von den Planzahlen, Du solltest diese analysieren.

Rot: Kosten und Plandaten sind deutlich überschritten, Eingreifen ist dringend notwendig.

Ein großer Vorteil ist, dass Du durch die Visualisierung sehr schnell einen Überblick hast, in welchem Zustand sich Dein Projekt befindet. Auch andere Mitglieder des Projekts verstehen diese Farben, ohne sich intensiv mit Controlling beschäftigt haben zu müssen.

Der Nachteil ist, dass es recht subjektiv ist, wenn es nicht in einer Software verankert ist. Am einfachsten vermeidest Du das, indem Du klare Kriterien für die einzelnen Farben definierst, zum Beispiel:

Grün < 5 % Abweichung vom Plan

Gelb > 5 % Abweichung

Rot > 30 % Abweichung

In der Regel reicht es nicht aus, für das gesamte Projekt eine Ampel einzurichten. Besser ist es, dass Du neben einem Gesamtüberblick auch die Termine, Kosten und fertigen Teile oder erreichte Meilensteine mit einer Ampel versiehst.

Die Ampel ersetzt nicht das Controlling und die Berichte der Mitarbeiter, sondern dient der Visualisierung und ist eine Art Frühwarnsystem.

3.2 Ist-Daten ermitteln

Um die Ist-Daten zu ermitteln, solltest Du festlegen, welche Bedingungen es für diese Daten gibt. Denn es kann schnell passieren, dass Du zwar eine Menge Zahlen gesammelt hast, diese aber nicht verwendbar sind, weil sie bestimmten Kriterien nicht entsprechen. In den meisten Projekten gelten für die Controlling-Daten im Ist-Zustand folgende Regeln: [22]

Inhaltliche Richtigkeit: Für die Abbildung der Wirklichkeit muss Sorge getragen werden und das unabhängig vom Erfasser.

Formulare Richtigkeit: Die Daten müssen im geforderten Format, Dimension und Detaillierung bereitstehen.

Aktualität und Vollständigkeit: Eine möglichst zeitlich aktuelle Verfügbarkeit der Daten muss gewährleistet sein und sie dürfen keine Leerstellen aufweisen.

---

[22] Patzak, G.; Rattay, G. (2009): Projektmanagement - Leitfaden zum Management von Projekten, Projektportfolios, Programmen und projektorientieren Unternehmen. 5. Auflage, Wien, S. 414 f.

Relevanz: Es sollen nur für die Kontrolle bedeutsame Daten erfasst werden.

Rückverfolgbarkeitt: Es soll darauf geachtet werden, dass der Erfassungsprozess nachvollziehbar ist.

In den meisten Fällen wirst Du die beteiligten Mitarbeiter und Abteilungen abfragen oder eine Software benutzen, die diese Daten liefert. Solche gelieferten Daten sind:

- Belege für Kosten / Ausgaben

- Stundenabrechnungen

- Zeitpläne

- Lieferscheine

3.2.1 Teamarbeit

Allerdings wird das nur einen bestimmten Teil an Daten bringen. Diese Zahlen sind wichtig, aber sie bilden eben auch nur einen Teil des Projekts ab. Wichtig ist deshalb, dass Du im Rahmen des Controllings auch das Team miteinbeziehst. Methoden dafür sind:

Teambesprechungen: Versuche herauszufinden, welche Probleme es gibt und wie man diese auch zahlenmäßig darstellen kann.

Fragebögen: Du kannst Daten, zum Beispiel über Zufriedenheit, auch über einen Fragebogen erfassen, der auch anonym sein kann.

Offene Diskussionen: Auch wenn Controlling sehr faktenorientiert ist, solltest Du regelmäßig Feedback einholen. Gerade hier kannst Du Trends erkennen, die sich erst später in Zahlen ausdrücken (zum Beispiel bei der Produktivität, die sinkt, wenn Mitarbeiter unzufrieden sind).

3.2.2 Rundgänge

Wenn Dein Unternehmen in der Produktion tätig ist, schadet es auch nicht, immer wieder Rundgänge zu machen. Das ist auch Teil des allgemeinen Controllings, kann aber ebenso in Projekten eine Rolle spielen.

BEISPIEL:

In einem Maschinenbauunternehmen soll eine neue Produktionsreihe entwickelt werden. Die Planungsabteilung hat bereits ihre Arbeit getan, nun werden die einzelnen Maschinenteile zusammengebaut und sollen getestet werden. So ein Projekt lässt sich nur teilweise in Daten erfassen, vor allem wenn es darum geht, die Probleme zu verstehen, die hinter einer Kostenveränderung liegen. Es kann zum Beispiel sein, dass man nicht genügend Platz hat, was zu einer Verkürzung der Produktionsreihe führt, damit aber zum Beispiel eine Kühlstrecke nicht lang genug ist.

Solche Inspektionen sind aber auch in Dienstleistungsbetrieben sinnvoll: So kann es gut sein, dass die Arbeitsbedingungen in einem Büro nicht ausreichend gut sind, weil zu viele Leute auf engem Raum sitzen. Das kann sich auf die Produktivität auswirken und wenn Du selbst nicht oft genug das Team an seinem Arbeitsplatz besuchst, wird es Dir schwerfallen, die sinkenden Zahlen zu interpretieren.

In manchen Fällen kann es auch sinnvoll sein, Tests zu machen, um zu verstehen, warum es zu bestimmten Abweichungen kommt.

BEISPIEL:

Bei einer Filmproduktionsfirma müssen Videos gerendert werden. Dafür ist Zeit eingerechnet, aber auch Prozessorkapazität. Es kann aber passieren, dass die eingeplante Zeit überschritten wird und es so zu Abweichungen im Ist-Zustand kommen kann. Dann lohnt es sich, die eingesetzten Rechner zu testen und nachzusehen, ob die Prozessoren zu langsam sind oder die Festplatten zu langsam beschrieben werden.

3.2.3 Audits

Regelmäßige Audits liefern Dir auch Daten, die die Entwicklung des Projekts darstellen können. Zu solchen Audits können auch einfache Checklisten gehören, die einen Ist-Stand abfragen. Gerade beim Einsatz von Maschinen wirst Du Checklisten haben, wenn es darum geht, ob die Maschine gewartet wird und ob es zum Beispiel Probleme mit der Maschine gibt. Audits und Checklisten sind oftmals ein Frühwarnsystem im Controlling und können Probleme aufzeigen, bevor diese einen finanziellen Schaden anrichten.

Viele dieser weichen Faktoren wirst Du nicht in die Planung einarbeiten können, gerade weil sie nicht in Zahlen auszudrücken sind. Aber genau hier liegt der Unterschied im Controlling als Projektkontrolle und der Kostenkontrolle: Das Projektcontrolling geht über die reinen Kosten hinaus und bezieht alle Faktoren mit ein.

3.3 Termine

So wichtig wie die Kosten sind auch die Termine in einem Projekt. Meistens gibt es nicht nur einen Zeitplan, der den Anfang und das Ende des Projekts festlegt, sondern auch Zwischenschritte wie Meilensteine. Diese zu kontrollieren ist heute einfacher geworden, weil Computer und die entsprechende Software einen großen Teil der Arbeit übernehmen können.

Die Terminkontrolle besteht aus folgenden Elementen:

- Erfassung

- Weiterleitung

- Soll-Ist-Vergleich

- Trends und Tendenzen

Bei der Erfassung geht es um den Zeitaufwand, der in einem bestimmten Zeitraum erbracht wird. In den meisten Projekten sind das Stundenabrechnungen, die entweder elektronisch erfasst werden oder aber schriftlich eingereicht werden. Zur Zeiterfassung gehören aber auch Statusmeldungen, zum Beispiel wieviel

Zeit für eine bestimmte Arbeit bereits verwendet wurde und wieviel Stunden noch übrig sind.

Bei der Weiterleitung wirst Du vor allem überprüfen, ob die gemeldeten Daten auch wirklich im Projektplan und im Controlling-Bericht eingetragen sind. Meistens wird das in kleineren und mittleren Unternehmen zusammen mit der Rückmeldung erledigt. Bei größeren Firmen kann es aber sein, dass ein Zwischenschritt eingebaut ist, bei dem die erfassten Daten erst noch überprüft werden. Erst nach Freigabe werden sie in den Netzplan oder Projektplan eingetragen. Für Dich ist dabei wichtig, dass dies auch geschieht und Du zum Beispiel auf einen Blick sehen kannst, ob Termine sich verschieben.

Wenn Dir diese Daten alle vorliegen, kannst Du den eigentlichen Vergleich zwischen der Ist- und der Soll-Situation anstellen. Du wirst aber auch hier immer wieder einen Vergleich mit der Planung und einer voraussichtlichen Entwicklung anstellen müssen.

BEISPIEL:

In einem Projekt, bei dem eine Fertigungsanlage geplant wird, wurden für eine Teilmaschine 200 Stunden eingeplant. Nach 100 verbrauchten Stunden stellst Du fest, dass nur 30 Prozent der Arbeit geleistet wurden. Das wird Auswirkungen haben, und nicht nur auf den Zeitplan für das Teilprojekt, sondern auch für das gesamte Projekt. Wenn es zu gravierenden Terminabweichungen kommt, wirst Du sofort einschreiten müssen und versuchen herauszufinden, woran diese liegen, welche Konsequenzen das hat und wie eventuell der Plan geändert und angepasst werden muss.

Termine sind ein großes Risiko in einem Projekt, auch weil sie gerne schlecht geplant werden. Oftmals ist der Druck auf Mitarbeiter groß und sie setzen den Zeitaufwand zu niedrig an, um den gesamten Plan nicht zu gefährden. Kommt es dann zur Realisierung, werden mehr Stunden benötigt als geplant. Bei größeren Projekten kann es auch passieren, dass Terminabweichungen nicht gemeldet werden. Je transparenter Du ein Projekt führst und je besser die Teammitglieder verstehen, warum das Controlling wichtig ist, umso mehr werden sie Dir auch die Daten liefern, die die Realität abbilden.

Es wird immer wieder zu Terminabweichungen kommen, das liegt in der Natur von Projekten und der Begrenzung von Planungen. Du kannst nur planen, was Du auch kontrollieren kannst und manchmal kommt es eben zu Veränderungen, die Du nicht kalkulieren kannst. Diese Abweichungen müssen aber in den Projektplan einfließen und dienen Dir für Trends und Tendenzen. Wenn Du Dir einen gesamten Projektplan anschaust, wirst Du feststellen können, ob die Abweichungen nur in bestimmten Bereichen auftreten und kurzfristig sind oder ob es zu gravierenden Veränderungen kommt, die das Projekt gar gefährden können.

Die besten Werkzeuge dafür sind entweder Gantt-Charts, die den Fortschritt eines Projekts mit Meilensteinen anzeigen, oder andere Methoden wie Kanban-Boards. Bei diesen steht der gleichmäßige Fluss von Arbeit im Mittelpunkt und Du kannst recht schnell feststellen, ob es zu Stockungen kommt. Da Termine immer auch einen Einfluss auf die Kosten haben, ist das Termincontrolling eine der wichtigsten Aufgaben im Projektcontrolling.

3.4 Kostenkontrolle

Ein gutes Projekt ist dann erfolgreich, wenn die Arbeit zur Zufriedenheit des Kunden erledigt wurde und man damit auch Geld verdient hat (oder im Kostenrahmen bei internen Projekten geblieben ist). Damit ist die Kostenkontrolle ein weiterer wichtiger Faktor bei der Kontrolle eines Projekts.

Welche Kosten musst Du kontrollieren?

- Personalkosten

- Sach- und Investitionskosten

- Verwaltungs- und Gemeinkosten

- Kosten von Dritten

- Leistungsfortschritt

- Qualitätskontrolle

Die ersten drei Kostenstellen sind meisten gut planbar. Bei den Kosten von Dritten, zum Beispiel externe Dienstleister und Zulieferer, ist das Risiko von Veränderungen schon größer. Die Kosten von Leistungsfortschritt und Qualitätskontrolle hingegen sind vor allem schwer in Zahlen auszudrücken.

Am besten wirst Du die Kostenentwicklung sichtbar machen können, wenn Du Diagramme benutzt. Diese können Trends und Verläufe besser darstellen als Zahlenreihen. Anbei drei häufig verwendete Diagramme. Meistens wird die Software, die Deine Kosten verwaltet, Dir auch die entsprechenden Diagramme aufbereiten können.

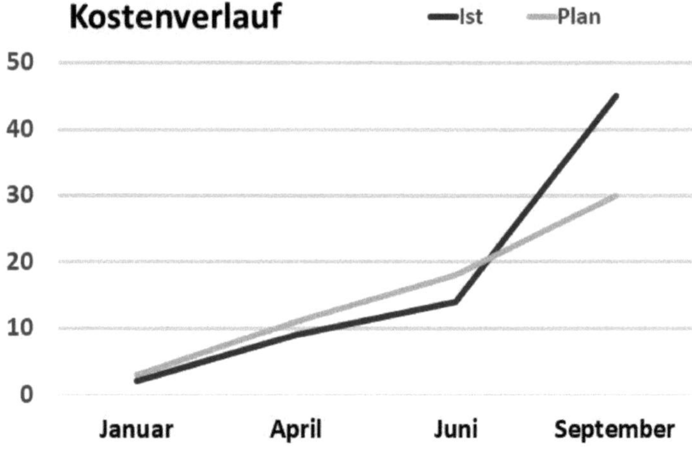

Abbildung 4: Einfaches Diagramm – Vergleich Ist-und Plankosten

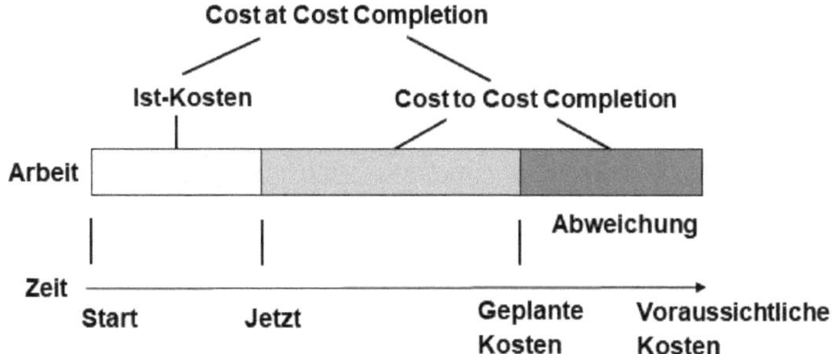

Abbildung 5: Cost-at-Completion - Voraussichtliche Gesamtkosten eines Arbeitspakets / Projekts zum aktuellen Betrachtungszeitpunkt

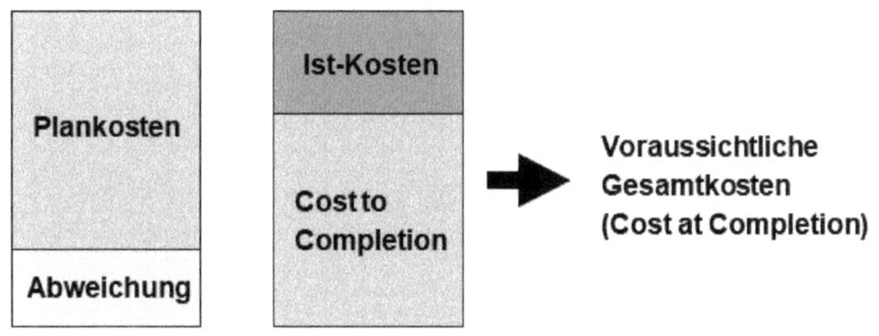

Abbildung 6: Andere Darstellung der Cost-at-Completion

3.4.1 Leistungsfortschritt

Beim Messen des Leistungsfortschritts geht es vor allem darum, dass Du einen Überblick über den Fortschritt des Projekts bekommst. Anders als der Name es suggeriert, geht es weniger um die Leistungen der einzelnen Mitarbeiter, sondern was sie insgesamt bislang geleistet haben und wie sich das mit dem Plan vereinen lässt.

Es gibt viele Methoden, diese Leistung zu messen, die drei bekanntesten sind:

- Meilensteine

- Aufwand

- 0/100 oder 0/50/100

In großen Projekten sind die Meilensteine am meisten verbreitet. Sie geben einen Zeitpunkt an, zu dem bestimmte Arbeiten erledigt sein müssen. Wie detailliert diese Meilensteine sind, ist Dir überlassen, aber es ist nicht wirklich sinnvoll, täglich einen Meilenstein zu setzen. Am besten werden diese alle zwei Wochen oder monatlich gesetzt. Du kannst diese Meilensteine einzelnen Arbeiten zuordnen oder aber einen Meilenstein für bestimmte Teile des Projekts setzen. Natürlich wirst Du viele verschiedene Meilensteine haben, die dann in einem Gantt-Chart am besten zu überwachen sind.

Das **Gantt-Diagramm** wurde bereits um 1900 von **Henry Gantt** erfunden, wird aber heute noch verwendet.

In der ersten Spalte der Tabelle werden im Gantt-Diagramm zunächst die Aktivitäten des Projektes hinterlegt. Die Zeitachse befindet sich hierbei in der ersten Zeile der Tabelle. Nun werden die verschiedenen Aktivitäten in Abhängigkeit der planmäßigen Zeiten als unterschiedlich lange vertikale Balken in das Diagramm abgetragen. Dabei kann es vorkommen, dass sich Aktivitäten überschneiden, welche anhand von sich überlappenden Balken ersichtlich sind. Der kritische Pfad kann im Gantt-Diagramm auch abgebildet werden. Des Weiteren werden oftmals gegenseitige Korrelationen zwischen Aktivitäten mittels Pfeilen visualisiert, was allerdings bei einer Vielzahl an Aktivitäten rasch unübersichtlich werden kann. Folgerichtig sollte das das Gantt-Diagramm primär bei kleinen bis mittelgroßen Projekten Anwendung finden.[23]

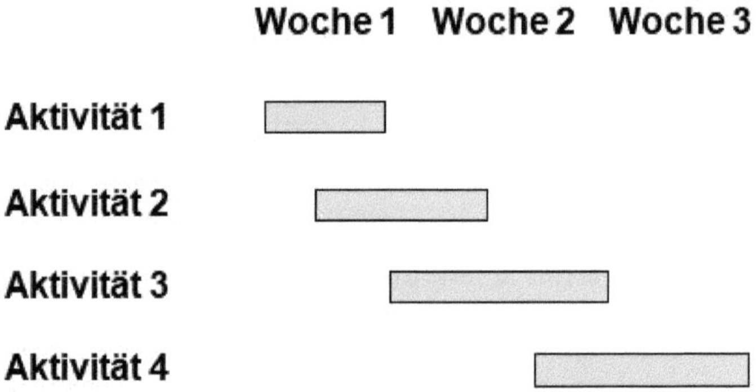

Woche 1   Woche 2   Woche 3

Aktivität 1

Aktivität 2

Aktivität 3

Aktivität 4

Abbildung 7: Schematische Darstellung eines Gantt-Diagramms

Was Dir das Gantt-Diagramm aber immer zeigen kann, sind Leistungsfortschritte und Trends. Wenn zu viele Meilensteine nicht erreicht werden, hast Du ein Problem. Außerdem kannst Du auch sehen, ob in bestimmten Bereichen Meilenstein verzögert sind und kannst dann zusammen mit dem Team versuchen herauszufinden, woran das liegt.

---

[23] Weiner, B. (2016): Betriebstechnik/Netzplantechnik – Operations Research –, Vorlesungsskript, Folie 11

Wenn in Deinem Unternehmen Projekte allerdings mit agilen Methoden organisiert werden, dann wirst Du mit den Balkendiagrammen nicht sehr weit kommen. Sowohl Scrum als auch Kanban haben eine Leistungskontrolle eingebaut, bei Scrum ist das das Burndown-Chart, welches Dir einen guten Eindruck geben kann, wie gut Du im Plan liegst. Auch bei Kanban gibt es Methoden, um die Leistungen zu überprüfen, wie die Durchflussgeschwindigkeit. Am einfachsten siehst Du es, wenn in einer Liste zu viele Tasks nicht abgearbeitet sind und es zum Stocken kommt.

In einem agilen Umfeld, welches sehr teamorientiert arbeitet, ist es schwer, die Leistungen von einzelnen zu beurteilen. Dennoch gibt es Wege, um diese zu bewerten. Der Autor Simon Stäuber empfiehlt:[24]

"Einen in manchen Konzernen genutzten Ausweg bietet die Rundumbewertung. Dabei fließen in die Leistungsbewertung eines Mitglieds des Entwicklungsteams zum Beispiel sowohl Einschätzungen von den eigenen Teamkollegen als auch das Tea-

[24] Stäuber, S. (2015): Auf dem Weg zur agilen Organisation. URL: https://www.computerwoche.de/a/auf-dem-weg-zur-agilen-organisation,3099118,2 [Stand: 10-04-2019]

mergebnis insgesamt ein. In der Praxis sind solche Ansätze vor allem dann erfolgreich, wenn die Bewertungsmethoden von den Mitarbeitern als transparent und fair empfunden werden. Gute Chancen dazu bestehen, wenn der Leistungsbewertungsansatz gemeinsam mit dem Team entwickelt wird – falls der Schritt Richtung Agilität ernst gemeint ist, ist ein solches gemeinschaftliche Erarbeiten geradezu ein Muss."

Wenn Dein Projekt also sehr teamlastig ist, sollten auch die Leistungsbewertungen im Team besprochen werden oder zumindest die Kennzahlen gemeinsam erarbeitet werden.

3.4.2 0/50/100-Methode

Bei dieser ebenfalls recht einfachen Methode wirst Du die Arbeitspakete in drei Gruppen einteilen:

- Offene, nicht begonnene Arbeitspakete = 0 %

- Begonnene, noch nicht fertiggestellte Arbeitspakete = 50 %

- Abgeschlossene Arbeitspakete = 100 %

Du wirst damit keine großen Projekte überwachen können, aber gerade bei kleineren Arbeitseinheiten ist diese Unterteilung eine gute Hilfe, um zu sehen, wo Du gerade stehst. Sei Dir allerdings auch bewusst, dass Du nur ein recht ungenaues Bild bekommst. Diese Methode sagt lediglich aus, wie groß der Gesamtfortschritt ist.

Heute hat sich zunehmend die Earned Value Analyse als Methode zur Projektkontrolle durchgesetzt. Sie bedient sich verschiedener Kennzahlen, von denen Planwert, Ist-Kosten und Fertigstellungswert die wichtigsten sind. Es gibt aber auch noch einige andere Berechnungsgrundlagen. Sie lassen sich kurz wie folgt zusammenfassen:

- Ist-Kosten = tatsächliche Kosten der erbrachten Leistungen

- Plankosten = geplante Kosten der geplanten Leistungen

- Sollkosten = Earned Value = geplante Kosten der erbrachten Leistungen

- Kostenabweichung = Ist-Kosten − Sollkosten

- Leistungsabweichung = Sollkosten − Plankosten

- Zeitabweichung = Zeitlicher Abstand zwischen Soll- und Plankurve

Die Plankosten sind jene Kosten, die Du bei der Planung bereits eingetragen hast und die für jeden Abschnitt des Projekts geplante Werte angeben. Weichen sie ab, besteht die Gefahr, dass das Projekt zu teuer wird – oder aber, dass sie zu hoch angesetzt wurden. Nur selten wirst Du geringere Kosten haben, weil das Projekt einfach schneller läuft.

Wenn es um die Berechnung von Arbeit geht, wird oft auch der Begriff der "Soll-Kosten der berechneten Arbeit" verwendet.

Ein Beispiel:

- Ein Webdesigner hat 5 Stunden zugewiesen bekommen, um eine Seite zu gestalten.

- Der Gesamtwert seiner Arbeit sind 100 € für Arbeitslohn und 100 € Gemeinkosten.

- Nach 3 Stunden (3/5 der Gesamtzeit) sollten 3/5 des Gesamtbudgets (3/5 des Arbeitslohns und 3/5 der Gemeinkosten) verbraucht sein.

- Die Planungskosten (PC) sind dann: 3/5 * (100 € + 100 €) = 120 €

Bei den **Ist-Kosten** (oft als **AC**, actual costs, abgekürzt), wird dann eine Variable berechnet, die den aktuellen Kostenstand beschreibt.
Nehmen wir an, der Designer konnte die Arbeit nicht allein machen und holte sich einen Grafiker hinzu. Das hat natürlich Auswirkungen auf die Kosten. Der Grafiker kostet 5 Euro pro Stunde. Bislang wurden zwei

Stunden gearbeitet. Die Gemeinkosten sind wegen einer teureren Software um 30 % gestiegen.

Die Ist-Kosten sind nach zwei Stunden:

2 * 20 € (2 Stunden Entwickler) + 2 * 5 € (2 Stunden Grafiker) = 50 €

Gemeinkosten: = 2/5 * (130 % * 100 €) (Gemeinkosten) = 52 €

- AC = Arbeitslohn + Gemeinkosten = 50 € + 52 € = 102 €

Jetzt kommen wir zu Fertigstellungswert, dem eigentlich Earned Value. Er beschreibt die Soll-Kosten bereits abgeschlossener Arbeit. In unserem Fall wäre das bei einem geplanten Arbeitsaufwand von 5 Stunden:

- 20 € Stundenlohn x 5 Stunden + 100 € Gemeinkostenanteil = 200 €

Weil der Entwickler schnell ist, hat er nach zwei Stunden bereits ⅗ der Arbeit erledigt. Damit ist der **Earned Value (EV)** nach zwei Stunden

- Der EV bei t = 2 h beträgt demnach: 200 € * 3/5 = 120 €

Um zu sehen, wie jetzt die geplanten Werte von den tatsächlichen Werten abweichen, arbeitest Du an der **Planabweichung** (**SV**, schedule variance). Sie wird folgendermaßen berechnet:

Planabweichung (SV) = Fertigstellungswert (EV) – Plankosten (PC)

Der Entwickler braucht lange und hat nach 3 Stunden nur 1/5 der Webseite gestaltet. Folgerichtig resultiert daraus eine Planabweichung (SV) von:

- EV = (1/5 * 200 €) = 40 € als erreichter Wert nach drei Stunden

- PC = (3/5 * 200 €) = 120 € als geplanter Wert nach drei Stunden

- SV = 40 € - 120 € = - 80 € als negativer Wert, was Zeitverzug bedeutet

In dem oben genannten Beispiel stehen die Gemeinkosten als Beispiel für weitere Kosten. Man kann darüber diskutieren, ob diese auch auf eine Stunde heruntergebrochen werden können oder ob man sie pauschal auf das Projekt verteilt.

Bei der Earned Value Analyse besteht wie bei allen Methoden das Risiko der Arbeitseinschätzung. Zwar können Meilensteine und Sprints helfen, eine abgeschlossene Arbeit zu bewerten, schwierig wird es aber beim Arbeitsfortschritt. Bei einem Beispiel wie der Webseite ist das oftmals sehr subjektiv und irgendwann wird der Aufwand zu groß, um alle Arbeiten in berechenbare Größen herunterzubrechen. Sei Dir also bewusst, dass auch beim Earned Value ein gewisses Risiko der Ungenauigkeit besteht. Der Arbeitsfortschritt wird in den meisten Fällen mit Prozenten angegeben. Üblich sind

0 % – 25 % – 50 % – 75 % – 100 %

Um den Zeitfaktor in den Griff zu bekommen, gibt es einen weiteren Parameter:

Zeiteffizienz (SPI) = Fertigstellungswert (EV) / Plankosten (PC)

Im ursprünglichen Plan war vorgesehen, dass nach 2/5 der Zeit die PC € 80 betragen. Der Entwickler hat allerdings nur 1/5 fertiggestellt, sodass sich folgender SPI ergibt:

EV = 1/5 * 200 € = 40 €

PC = 2/5 * 200 € = 80 €

SPI = 40 € / 80 € = 0,5

Ein SPI von 0,5 heißt faktisch, dass sich das Projekt um 100% verlängert (Verdoppelung der Zeit, da der Entwickler augenscheinlich nur im halben Arbeitstempo das Werk erledigt hat). Hierbei unterstellt man für die Zukunft, dass die planmäßige Untererfüllung weiterhin linear vonstattengeht und der Entwickler arbeitstechnisch weder planmäßig schnell oder noch schneller seine Aufgaben erledigt.[25]

Bei der **Kosteneffizienz** wirst Du dann den Fertigstellungswert mit den Ist-Kosten vergleichen. Dieser zeigt Dir dann an, ob Du Kosten sparst (größer als 1) oder ob es teurer wird (kleiner als 1):

Kosteneffizienz (CPI) = Fertigstellungswert (EV) / Ist-Kosten (AC)

- Nach zwei Stunden hat der Entwickler 1/5 der Fläche fertig und hat 2/5 der Gemeinkosten verbraucht.
- EV = 1/5 * 200 € = 40 €
- AC = 2 h * 20 €/h (Lohnkosten) + 2/5 * 100 € (Gemeinkosten) = 40 € + 40 € = 80 €
- CPI = 40 € / 80 € = 0,5

Hier würde das bedeuten, dass das Projekt doppelt so teuer wird wie angenommen, wenn weiterhin in dieser Art gearbeitet wird.

---

[25] Dr. Truscheit: IT-Controlling – Investment und Wirtschaftlichkeit (ausgearbeitet von Allenstein, R.; Buhlmann, B. und Lange, H.), S. 17

Und damit Du auch noch eine Methode der Leistungskontrolle kennst, hier noch der **Leistungsmäßiger Fortschrittsgrad (FG):**

Hier wird aufgrund zukunftsorientierter Schätzungen der Fortschrittsgrad ermittelt. Es stehen zwei Berechnungsmethoden zur Verfügung.

Zum einen die **Effort-Expended-Methode,** in welcher der geschätzte Restaufwand, der noch zu erledigenden Arbeitspakete und der Ist-Aufwand addiert werden, um den voraussichtlichen Gesamtaufwand zu erhalten. Mit Hilfe des erhaltenen Gesamtaufwandes kann anschließend der leistungsmäßige Fortschrittsgrad ermittelt werden.

Ähnlich ist der Vorgang bei der **Cost-to-Cost-Methode,** nur müssen hier zuerst die Restkosten abgeschätzt und mit den Ist-Kosten addiert werden, um anschließend unter Verwendung der in der Tabelle dargestellten Formel den Fortschrittsgrad berechnen zu können.[26]

---

[26] Scharfegger, D. (2012): Konzeption und Vorbereitung der Implementierung eines F&E-Projektcontrollings, S.39

Effort-Expended-Methode	FG = Ist-Aufwand x 100 / voraussichtlicher Gesamtaufwand
Cost-to-Cost-Methode	FG = Ist-Aufwand x 100 / voraussichtliche Gesamtkosten

3.5 Projekt- und Risikosteuerung

Wenn Du jetzt die Zahlen ermitteln konntest und siehst, wo Dein Projekt gerade zeitlich und hinsichtlich der Kosten steht, dann geht es daran zu überlegen, wie Du die Abweichungen in den Griff bekommen kannst. Meistens geht man in Projekten davon aus, dass die Kosten höher ausfallen werden oder man langsamer vorankommt. Hier ist ein schnelles, aber auch wirksames Eingreifen wichtig. Sparst Du Geld und/oder wirst früher fertig, kann Dich das freuen – allerdings lohnt es sich dann, einen Blick auf die Qualität der so schnell und günstig gemachten Arbeit zu werfen.

Du wirst immer darauf achtgeben müssen, dass Projektziele auch messbar sind und vom Team verstanden werden. Wenn sie sich verändern, muss das sowohl der Kunde wissen als auch die Mitarbeiter. Am besten ist es übrigens bei gravierenden Veränderungen eine Bestätigung vom Kunden einzuholen, dass dieser sie gesehen und akzeptiert hat. Um eine gute Kommunikation mit Kunden und Mitarbeitern über die Entwicklungen aufrechtzuhalten, hier ein paar Tipps:

Eine flexible Planung, bei der Du eingreifen kannst:

- Regelmäßige Meetings des Projektteams, in denen der aktuelle Projektstatus geklärt, zu erwartende Probleme besprochen, vorbeugende Maßnahmen vereinbart und Handlungsentscheidungen getroffen werden.

- Entscheidungen müssen durchgesetzt werden.

- Du solltest ständig auch Dein Umfeld beobachten.

- Reviews und Meilensteinmeetings.

Um einzugreifen, hast Du eine Vielzahl von möglichen Maßnahmen:[27]

Strategie-bezogene Maßnahmen	Struktur-bezogene Maßnahmen
<ul><li>Leistungsreduzierung</li><li>Versionenkonzept</li><li>Prioritätenverschiebung</li><li>Wechsel der verfolgten Lösung</li><li>Ablehnung von Änderungswünschen</li><li>Rückgriff auf Alternativen</li><li>Einbau von Sicherheiten</li><li>Verschiebung des Endtermins</li></ul>	<ul><li>Änderung der zeitlich-logischen Abfolge</li><li>Parallelarbeit</li><li>Streichung unwichtiger Arbeitspakete</li><li>Technikeinsatz</li><li>Umverteilung innerhalb der Puffer</li><li>Einstellung zusätzlicher Mitarbeiter</li><li>Zukauf externer Kapazitäten</li><li>Überstunden, Mehrschichtarbeit</li></ul>

[27] Führer, A.; Züger, R. M. (2007): Projektmanagement – Management-Basiskompetenz - Theoretische Grundlagen und Methoden mit Beispielen, Repetitionsfragen und Antworten, 2. Auflage, Zürich, S. 118

Kulturbezogene Maßnahmen	**Planung-, Kontroll- und Steuerung- bezogene Maßnahmen**
<ul><li>Mitarbeiterfortbildungen</li><li>Projektmarketing</li><li>Motivationsförderung</li><li>Transparenz</li><li>Offene Informationspolitik</li><li>Persönliche Anerkennung</li><li>Delegation</li><li>Verbesserung des Arbeitsumfelds</li></ul>	<ul><li>Informationssystem ausbauen</li><li>Kommunikationssystem verbessern</li><li>Abschirmung der Mitarbeiter</li><li>Intensivierung der Planung</li><li>Erhöhung der Kontrollen</li><li>Sorgfältige Ursachenforschung</li><li>Räumliche Zentralisierung</li><li>Optimierung der Sachmittelausstattung</li></ul>

3.6 Action-Item-Kontrolle

Neben der regulär durchgeführten Planung muss es möglich sein, für die detaillierte Kontrolle von kurzfristig zu erfüllenden Aufgaben, die während der Projektdurchführung gesetzt werden mussten und daher nicht in der Planung verankert sind, ein Kontrollsystem einzurichten. Dieses für projektnotwendige Zusatzaufgaben einzurichtende System wird Action-Item-Kontrollsystem (AI) genannt und bietet eine Ergänzung zur routinemäßigen Projektkontrolle. Im Anschluss trägt ein Beispiel zur Erläuterung der Notwendigkeit dieses zusätzlichen Kontrollsystems bei.

Ein Beispiel: Nehmen wir an, ein neues Produkt im Maschinenbau soll hergestellt werden. Dabei kommt es auf absolute Genauigkeit an. Beim ersten Prototyp der Maschine stellt sich aber heraus, dass es zu Abweichungen kommt, die nicht toleriert werden können. Bei der Ursachenforschung wird festgestellt, dass es gar nicht die Maschine selbst ist, sondern die Umgebungstemperatur: Die Wärme sorgt für die Abweichungen. Es wird daraufhin vorgeschlagen, eine Klimaanlage einzubauen, die die Temperatur regeln kann.

Das aber würde die Projektkosten erheblich in die Höhe treiben. In einem Projektmeeting wird deshalb festgestellt, dass man andere Lösungen finden muss. Würde man die Kosten einer neuen Klimaanlage auf das Projekt umlegen, dann würde sich das auf die Entwicklungskosten und schließlich auch auf den Verkaufspreis auswirken. Als Lösungen wurden vorgeschlagen: [28]

- Investition der Klimaanlage nur prozentual auf das Projekt umlegen.

- Maschine so umbauen, dass sie auch bei unterschiedlichen Temperaturen arbeitet.

- Neue Testumgebung suchen, in der die Temperaturen bereits angepasst sind.

---

[28] Priessnig, M. (2015): Die Vermeidung von Risiken mittels Projektcontrolling, S. 64

3.6.1 Konsequenzen-Analyse

Wenn es zu solchen Veränderungen kommt, sei es durch Überraschungen oder Fehlplanungen, dann muss das Controlling auch in der Lage sein einzugreifen. Die im Soll/Ist-Vergleich aufgedeckten Abweichungen müssen genau analysiert werden und auf ihre Konsequenzen hinsichtlich der Projektfortführung überprüft werden. Aufgrund der Ergebnisse entscheidest Du dann, ob und welche Steuerungsmaßnahmen eingeleitet werden. Eine gute Software für das Projektcontrolling kann einen Teil dieser Analysen für Dich automatisch erstellen. Der große Vorteil ist, dass man damit auch unterschiedlichen Szenarien abbilden kann, die mit unterschiedlichen Parametern arbeiten. Im normalen Projektcontrolling ist eine Abweichung nicht unbedingt mit einem Mangel in der Arbeit oder einer Fehlplanung verbunden. Je komplexer ein Projekt, umso mehr wirst Du auch Abweichungen haben, das liegt in der Natur von komplexen Systemen. Statt nach Schuldigen zu suchen, ist es besser, nach einer Analyse gemeinsam zu überlegen, was man daraus gelernt hat, wie (und ob) man solche Abweichungen vermeiden kann und welche Chancen sich durch das Gelernte ergeben haben. Im obigen Beispiel kann es

zum Beispiel sein, dass sich durch das Temperatur-
problem ein Neubau ergibt, in dem dann Maschinen
unter verschiedenen Temperatur-Bedingungen getestet werden können, was wiederum einen neuen Ge-
schäftszweig bilden kann.

3.6.2 Wann musst Du korrigie-
ren?

Bei Korrekturen solltest Du immer auch das Ziel im
Auge haben. Frage Dich, welche langfristigen Auswirkungen eine Abweichung haben kann. Ist das Projekt
gefährdet oder kann nur ein Meilenstein nicht rechtzeitig erreicht werden? Welche Kosten entstehen
durch die Lösung des Problems und welche würden
entstehen, wenn Du es nicht löst. Letztlich stellt sich
die Frage, ob Du den Ist-Wert an den Plan-Wert anpas-
sen willst, also in der Projektarbeit etwas ändern
musst, oder ob der Soll-Wert angepasst werden muss,
Du also den Plan verändern musst.

Dabei wirst Du Dich auf **vier Bereiche** konzentrieren müssen:

Leistung und Qualität

Wenn Du feststellst, dass die Leistung nicht zeitgerecht oder effizient genug erbracht wird, kannst Du:

- Ressourcen erhöhen, zum Beispiel mehr Mitarbeiter dem Projekt zuordnen, Teile der Arbeit outsourcen oder Überstunden machen.

- Wichtige Personen austauschen.

- Die Qualitätskontrolle verbessern, um frühzeitiger eingreifen zu können.

In vielen Fällen zahlt es sich aus, wenn Du regelmäßig in Kontakt mit dem Projektteam stehst und verbale Hinweise ernst nimmt. Mitarbeiter neigen dazu, kleine Hinweise zu geben, was im Projekt nicht gut läuft, bevor das Problem als Zahl erscheint. Versuche das ernst zu nehmen und als kleines Frühwarnsystem zu verstehen. Je transparenter Kommunikation und Projektplan sind, umso höher ist die Motivation, Probleme rechtzeitig zu melden.

Termine verändern

Die Zeit reicht sehr oft in einem Projekt nicht aus und gehört zu den am häufigsten falsch geplanten Parametern. In den meisten Fällen denken (oder hoffen) Projektmanager, dass sie weniger Zeit brauchen, als am Ende aufgeschrieben wird. Wenn Du siehst, dass der Abgabetermin für ein Projekt in Gefahr gerät, kannst Du auf unterschiedliche Weise eingreifen:

- Du kannst auch hier Ressourcen erhöhen, wenn es daran liegt, dass Mitarbeiter überfordert sind.

- Du kannst auch versuchen, bestimmte Teile des Projekts zeitlich zu verschieben, um Kapazitäten zu schaffen.

- In manchen Fällen kannst Du auch versuchen, Teile der Arbeit an Drittanbieter zu geben, was aber sicherlich die Kosten erhöhen wird.

Kosten

Der dritte große Posten, der kritisch wird, sind die Kosten. Sie weichen immer von Plan ab, das wirst Du nicht verhindern können. Das Geschäftsumfeld ist heute so volatil geworden, dass man nur zu einem gewissen Grad überhaupt planen kann. Laufen die Kosten aus dem Ruder, gilt auch hier erst einmal innehalten, analysieren und dann Maßnahmen ergreifen. Solche können sein:

- Versuchen, Kosten durch besseren Einkauf zu sparen, wenn es um Zulieferer geht.

- Arbeitszeiten ausweiten.

- Technologie einsetzen, um Kosten zu sparen.

Störungen im Umfeld

Besonders schwer wird es, wenn das Projekt durch Störungen beeinträchtigt wird. In einem großen Unternehmen kann es zum Beispiel passieren, dass Mitarbeiter zu anderen Projekten abgezogen werden. Es kann aber auch passieren, dass ein Mitbewerber mit einem ähnlichen Produkt auf den Markt kommen will und deshalb der Zeitplan angepasst werden muss. Eine kleine politische Krise kann den Ölpreis und damit

Energie- und Transportkosten erhöhen. Bei Projekten in kleineren und mittleren Unternehmen reicht manchmal schon eine Grippewelle aus, um wichtige Mitarbeiter für ein bis zwei Wochen außer Gefecht zu setzen. Du kannst solche Einflüsse von außen weder planen noch beeinflussen. Es bleiben Dir lediglich Möglichkeiten, bestimmte Risiken abzuschätzen (mehr in einem eigenen Abschnitt dazu). Es wird Dir in so einem Fall nichts anderes übrigbleiben, als Dir Deinen Projektplan vorzunehmen und ihn entsprechend anzupassen.

4. Risikopotenziale im Projektcontrolling

In der Planungsphase hast Du bereits gelernt, wie man Risiken formuliert und versucht, sie einzuschätzen, sowie verschiedene Szenarien zu entwickeln, die dann auch unterschiedliche Lösungsansätze haben. In der Realität wirst Du aber sehen, dass selbst das beste Szenario vom tatsächlichen Zustand abweicht, gerade wenn es Einflüsse von außen sind. Bei gravierenden Problemen entsteht außerdem eine Kaskade: Der Termin kann nicht eingehalten werden, Mitarbeiter müssen mehr arbeiten, das senkt die Effizienz, andere müssen eingestellt werden, was die Kosten erhöht. Krisen haben die merkwürdige Eigenschaft, selten allein zu kommen. Sie sind komplex und oft genug kommt zu einer Krise noch eine andere hinzu und plötzlich wirst Du zwei oder gar mehr "Baustellen" bearbeiten müssen.

Es kann aber auch intern zu Problemen kommen, die ein Worst-Case-Szenario auslösen, ohne dass es eigentlich einen Anlass dafür gibt. Dann nämlich, wenn

Projektdaten nicht ordentlich verarbeitet werden. Bei der Meilensteinmethode ist diese Gefahr gegeben: Zu einem Meilenstein gehören die Ist- und Soll-Daten, eine ausführliche Analyse und Prognosen oder Anpassungen von weiteren Meilensteinen. Alle drei Bereiche sind aber auch ein Risiko, wenn nicht genügend oder fehlerhafte Daten vorhanden sind oder falsche Rückschlüsse gezogen werden oder Du bei der Prognose falsch liegst. Ist ein Meilenstein zu früh freigegeben, kann das auch Einfluss auf weitere Teile des Projekts haben. Während falsche Entscheidungen meistens auf den Faktor Mensch zurückzuführen sind, sollten Daten eigentlich immer genau und richtig sein. Die persönlichen Neigungen und Interessen dürfen bei der Schätzung des Leistungsfortschrittes keinen Einfluss haben, da der Controller auf die Daten der Arbeitspaketverantwortlichen angewiesen ist. Persönliche Interessen und Neigungen verzerren die Darstellung des Leistungsfortschrittes oft erheblich. Ein Computer hingegen sollte nicht irren können.

In der Praxis treten die meisten internen Probleme auf, weil man in der Planung nicht genau festgelegt hat, wie Daten erfasst werden sollen. Gerade in der Dienstleistung ist das auch nicht einfach, weil hier nicht

Stückzahlen und Maschinenstunden erfasst werden. Die Entwicklung einer Software ist heute ein so umfangreiches Vorhaben, dass die meisten Unternehmen aus guten Gründen vom Wasserfall-Projektmanagement absehen und stattdessen auf agile Methoden umsteigen.

Das Frühwarnsystem

Neben den Daten, die Du durch Deine Mitarbeiter und die Buchhaltung bekommst, solltest Du auch sogenannte weiche Faktoren mit einbeziehen. Um aus dem Controlling ein wirksames Frühwarnsystem zu machen, braucht es auch Daten aus anderen Quellen. Dabei wird zwischen internen und externen Informationsquellen unterschieden.[29]

---

[29] Schucan, C. (2012): Projektcontrolling – Schritt für Schritt zum eigenen Frühwarnsystem. URL: http://imstrategies.ch/2012/projektcontrolling-schritt-fuer-schritt-zum-eigenen-fruehwarnsystem/ [Stand: 18-04-2019]

Interne Frühwarnindikatoren

Diese Indikatoren findest Du in Deinem Unternehmen, aber nicht unbedingt in den Controlling-Berichten Deiner Mitarbeiter. Gerade bei Projekten werden diese Faktoren selten erfasst, weil sie nicht direkt mit dem Projekt verbunden sind und auch keine direkten Kosten darstellen.

Krankheitsquote: Auch wenn sie sich auf den Personaleinsatz auswirkt, ist es sinnvoll die Quote als eigenen Indikator zu messen. Geht die Quote hoch, kann es daran liegen, dass Mitarbeiter unzufrieden sind oder aber, dass sie wegen Arbeitsüberlastung krank werden.

Fix- oder Gemeinkosten: Am Anfang wirst Du einen bestimmten Betrag an Fix- oder Gemeinkosten einstellen, aber oftmals wird dabei vergessen, dass diese sich ändern können, ohne dass das im Projekt selbst bemerkt wird. So können Stromkosten steigen, aber auch Steuern und Abgaben, vielleicht aber auch Kosten für die IT-Ausstattung.

Cashflow: Während Du in Deinem Projekt arbeitest, kann es gerade bei mittleren Unternehmen passieren, dass es zu einem Problem mit dem Cashflow kommt, ohne dass dies im Projekt bemerkt wird. Wenn die Geschäftsführung nicht direkt in das Projekt eingebunden ist, kann es sein, dass dort in einer Blase gearbeitet wird, die plötzlich platzen kann. Versuche also immer auch Kontakt zur "Außenwelt" zu halten und zu sehen, was im Rest des Unternehmens passiert.

Andere Projekte: In mittleren und großen Unternehmen gibt es immer wieder neue Projekte und diese können unter Umständen eine Gefahr für Dein Projekt darstellen. Dann nämlich, wenn Ressourcen aus Deinem Projekt abgezogen werden.

Externe Frühwarnindikatoren

Während es zumindest noch zu einem gewissen Grad möglich ist, die internen Indikatoren zu messen und zu steuern, wirst Du einen Großteil der externen Faktoren eher zur Kenntnis nehmen müssen und dann versuchen, Dein Projekt entsprechend anzupassen. Solche Faktoren können sein:

Währungsschwankungen: Wenn Du von anderen Währungen abhängig bist, weil Zulieferer aus dem Ausland kommen oder aber Mitarbeiter in anderen Ländern leben, dann können Währungsschwankungen eine Rolle spielen. Heute sind solche Schwankungen nicht mehr so groß wie früher, je größer der Anteil von Währungen im Projekt, desto mehr musst Du aber achtgeben.

Rohstoffpreise: Leitest Du ein Projekt, in dem Rohstoffe verarbeitet werden (zum Beispiel Stahl im Maschinenbau, aber auch Getreide oder Milch in der Nahrungsmittelindustrie oder Zement im Bau), dann können Preissteigerungen einen erheblichen Einfluss auf Dein Projekt und Deine Finanzen haben. Du wirst aber normalerweise diese

Kosten auch in Deinen regulären Controlling-Berichten haben müssen. Wenn nicht, füge sie hinzu.

Konjunktur: Gegen die Konjunktur kannst Du am wenigsten machen. Projekte sind meistens kurzlebig und von Konjunkturschwankungen nicht abhängig. Aber es kann sein, dass Dein Kunde darunter leidet und plötzlich das Projekt verringern oder ganz und gar aufgeben muss.

Zinsen: In Deutschland sind die Zinsen in einem recht gut planbaren Rahmen, aber dennoch sollten sie auch im Projektcontrolling beobachtet werden. In den meisten Unternehmen macht das die Buchhaltung des Unternehmens ohnehin. Bitte die Kollegen einfach, Dich bei wesentlichen Zinsveränderungen zu informieren.

Streik und politische Ereignisse: In der Dienstleistung wirst Du heute selten von Streiks direkt betroffen werden. Wenn aber zum Beispiel die Bahn streikt und Mitarbeiter zu spät zur Arbeit kommen, kann das zumindest nach einigen Tagen spürbar sein (meistens kann das Homeoffice da helfen.) Politische Umstürze gibt es in Europa glücklicherweise weniger, diese sind aber immer noch in anderen Ländern üblich. Wenn aus Kostengründen ein Teil Deines Entwicklungsteams in einem Schwellenland sitzt und dessen Regierung beschließt, das Internet abzuschalten oder wie in China zu kontrollieren, dann kann das schnell ein Problem sein, zumal solche Entscheidungen oft über Nacht kommen.

In der Planung kannst Du das Frühwarnsystem so aufstellen, dass Du zum einen Abfrageroutinen und zum anderen Grenzwerte einfügst, die quasi einen Alarm auslösen. Bei der Krankheitsquote kannst Du zum Beispiel die Personalabteilung bitten, Dir ab einem gewissen Wert Bescheid zu geben. Wie im Controlling allgemein geht es auch hier darum, solche Grenzwerte auch den Mitarbeitern zu kommunizieren und zu erklären und bei Eintreten gemeinsam nach Lösungen zu suchen.

5. Agiles Projektcontrolling

Das agile Projektcontrolling verfolgt einen anderen Ansatz, als es die klassischen Modelle tun. Diese haben als Parameter meistens:

- Zeit

- Kosten

- Aufwand

Wie oben beschrieben, werden dann Differenzen aus den Ist- und Soll-Werten dieser Parameter gebildet und damit festgestellt, wo man sich im Projekt befindet. Das Problem dabei ist aber, dass es immer den Zustand in der Vergangenheit abbildet. Der Ist-Zustand ist im Moment der Datenaufnahme bereits Vergangenheit. Im agilen Projektmanagement hat man einen anderen Ansatz: Hier steht die geleistete Arbeit mit Mittelpunkt.

Der **Faktor Zeit** wird kontrolliert durch: Deadline, Jetzt, Resttage und einen Kalender.

Das **Budget** wird kontrolliert durch: Eingesetzte Manpower, verbrauchte Manpower und eine Kalender-gesteuerte Zeiterfassung.

Die **Qualität** wird kontrolliert durch: Abweichung von festgelegten Kriterien, Erfüllung von Kriterien, Definition of Done und Abnahme in Done.

Während in einem klassischen Projekt das Controlling Kosten und Zeit im Fokus hat, spielt beim agilen Projekt die Qualität eine ebenso große, manchmal sogar noch größere Rolle. Das drückt sich vor allem in der Definition of Done aus: In agilen Projekten gibt es kein "80 % fertig", sondern nur ein "Fertig".

Die **Berechnungsgrundlagen im agilen Controlling** sehen deshalb auch etwas anders aus:

- Soll – User Stories Backlog, ToDo´s, Test Points

- Ist – erledigte ToDo´s

- Differenz: Delta aus Soll und Ist

- Bewertung: Definition of Done

Zeit wird definiert als die Differenz des aktuellen Datums und dem Zieltermin. Es wird also nicht die verbrauchte Zeit gemessen, sondern die verbleibende. Velocity bestimmt die Geschwindigkeit, mit der ein Projekt umgesetzt wird.

Das Budget wird vor allem durch den Personaleinsatz bestimmt.

Der Umfang des Projekts ist der Scope, nicht das am Ende entstandene Produkt.

Statt das gesamte Projekt durchzuplanen, arbeitest Du mit **drei Ebenen**:

- **Releaseplanung** (Mittelfrist-Planung)
- **Sprint-Planung** (Iterationsplanung**)**
- **Daily Scrum** (Arbeitstag-Planung)

Ganz ohne Zahlen geht es aber auch bei agilen Projekten nicht. Du brauchst ja eine Bewertungsgrundlage und bei Scrum gibt es dafür die sogenannten Storypoints.

5.1 Story Points

Unter Story Points versteht man ein Maß, um den Gesamtaufwand eines Produkt-Backlog-Items einzuschätzen. Um das zu erreichen, vergibst Du diesen einen Zahlenwert. Welche Zahl das ist, spielt nicht wirklich eine Rolle. Es geht vor allem um die relativen Werte. Als Beispiel: Eine Story, die den Wert 4 hat, ist doppelt so groß wie eine mit der Zahl 2. Sie sollte auch die Hälfte von 8 und ein Drittel von 12 betragen. Manche Teams arbeiten lieber mit großen Zahlen, was Du genau benutzt, ist Dir überlassen. Viele Scrum Teams benutzen die Sequenz 1, 2, 3, 5, 8, 13, 20, 40, 100, weil man damit eine sogenannte Fibonacci Kurve erzeugen kann.

Wie aber legt man fest, was der Aufwand ist? Er besteht aus dem Aufwand der Arbeit (in Stunden), wie komplex die Arbeit ist und welche Risiken und Unsicherheiten es gibt.
Nehmen wir an Du entwickelst eine Webseite. Ein Item ist ein Kontaktformular mit zehn Feldern, ein anderes ist eine Seite, die nur ein Bild darstellt. Der Aufwand für das Kontaktformular ist größer, weil mehr HTML

geschrieben werden muss und komplexer, weil noch der Versand der Formulardaten programmiert werden muss. Eingerechnet werden müssen übrigens auch die Tests, die für das Item notwendig werden. Auch das Risiko ist beim Formular größer, denn ein kleiner Fehler kann die Daten ins Nirwana schicken.

Es gibt keine bestimmte Formel, wie man diese drei Faktoren zu einem Story Point zusammenfasst. Hier musst Du abschätzen und vor allem die Items vergleichen. Am besten einigt ihr euch im Team auf eine Story, die die Basis darstellt. Sie sollte am einfachsten abzuschätzen sein. Zum Beispiel ein Bild in eine Webseite einfügen. Das wäre die 1 oder die 2.

Ein Fehler, der oft gemacht wird, ist den Aufwand, den die Story Points darstellen, mit Stunden zu verwechseln. Story Points stellen keinen tatsächlichen Aufwand dar, sondern einen relativen. Sie dienen dazu, Einschätzungen zu machen, die nicht nur von Stunden determiniert sind. Sie sind eine Hilfe für den Produkt-Owner, wenn er die Items priorisieren will. Sie können außerdem zur Berechnung des Return of Investments eines Items herangezogen werden.

5.2 Kostenberechnung

Eine besondere Rolle spielt bei diesen Projekten das Produkt-Backlog. Werden beim klassischen Projektmanagement alle Arbeiten bereits über das gesamte Projekt verteilt, liegen sie hier in einer Art Katalog. Das Produkt-Backlog hat keine Höchstgrenze, was die Menge der Arbeit angeht. Die einzige Grenze, die es gibt, ist das Gesamtbudget. Wenn Du in einem Projekt der Produkt-Owner bist, obliegt es Dir, dieses Budget herunterzubrechen und die User Stories und Items danach zu beurteilen. Du brauchst aber auch eine genaue Aufstellung der Kosten, die die Entwicklung verursacht.

Anders als die oben beschriebene Planung wirst Du bei agilen Projekten quasi am offenen Herzen planen. Allerdings musst Du auch hier zumindest einige Kosten kennen, vor allem was Dich die Mitarbeiter kosten und welche Gemeinkosten es gibt.

Die dem Projekt oder einem Sprint zugeordneten Personalkosten kannst Du mit der **Velocity** oder dem Tempo bestimmen. Wenn diese zum Beispiel 10 **Story**

Points pro Sprint beträgt und ein Sprint zwei Wochen dauert und Du gesagt hast, dass das Projekt 160 Storypoints brauchen wird, dann brauchst Du 16 Sprints, um das Ziel zu erreichen oder 32 Wochen. Jetzt multiplizierst Du diese Zahl mit Deinen Personalkosten und teilst sie durch 52 (Wochen).

Damit hast Du Deine voraussichtlichen Personalkosten für das Projekt. Nun kommen aber auch noch andere Kosten hinzu, wie Miete, Computer, Lizenzen usw. Sie alle machen die Gesamtkosten aus. Diese musst Du immer im Kopf haben, wenn Dein Projekt nicht nur innerhalb des Budgets bleiben, sondern auch noch Profit machen soll.

Die Profitabilität kann auf verschiedenen Wegen berechnet werden. Zunächst einmal spielt es eine große Rolle, wann eine Gewinnzone erreicht werden kann. Je kürzer die Entwicklungszeit und je geringer die Kosten, umso eher kommt man aus den roten Zahlen heraus. In internationalen Projekten wird das auch als **Payback Period** bezeichnet. Es kann auch sinnvoll sein, die Software gar nicht selbst zu entwickeln (vor allem bei internen Projekten), sondern eine ähnliche Lösung zu mieten oder kaufen. Hier kannst Du aber ausrechnen, über welchen Zeitraum sich welche Lösung rechnen wird. Die dritte Komponente ist der **Return of Investment.** Letztlich geht es hier darum, wann das Produkt so hohe Gewinne gemacht hat, dass alle Entwicklungskosten gedeckt sind. Dabei spielt übrigens auch die Velocity eine Rolle, allerdings ist diese eine betriebswirtschaftliche Komponente.

Es gibt noch ein paar andere Begriffe, die im Zusammenhang mit finanziellen Belangen immer wieder auftauchen:

Earned Value; darunter versteht man in agilen Projekten die Summe, die den bereits fertiggestellten "**potentially shippable products**" entspricht oder allen, die die Definition of Done erfüllen.

Cost Variance ist die Differenz zwischen den bislang verbrauchten Mitteln oder Kosten (Actual costs, AC) und dem EV.

Cost Performance Index (CPI) bezeichnet den Quotienten aus Earned Value und Actual Costs, also EV/AC. Ein CPI der größer ist als 1 bedeutet, dass wir mehr aus dem Projekt herausbekommen, als es kostet. Ist der Wert kleiner als 1, dann ist die Arbeit, die wir gemacht haben, nicht kostendeckend und es droht die Gefahr, dass das Projekt das Budget sprengt.

Als Produkt Owner musst Du kein Betriebswirt sein, aber es ist Deine Aufgabe auch die Kosten zu überwachen und User Stories danach zu beurteilen, welchen Business Value sie haben.

5.3 Fortschritt

Der Fortschritt sollte aber auch dargestellt werden. In den agilen Projekten hat man dafür das Burndown-Chart. Hier wird in einer Linie der tatsächliche Fortschritt – also die bereits abgearbeiteten Arbeiten – entlang einer idealen Linie dargestellt. Auf der Y-Achse werden die verbleibenden Arbeitsstunden eingetragen (nicht die abgeleisteten), auf der X-Achse die Sprints im Zeitverlauf. Je weiter das Projekt fortschreitet, umso weiter entwickelt sich auch das Chart. Als Projekt-Owner kannst Du so sehen, ob und inwieweit Du Dich von den Vorgaben entfernst. Sollte die tatsächliche Linie über der idealen Linie liegen, dann deutet das auf einen zu langsamen Fortschritt. Es droht Gefahr, kein ordentliches Ergebnis zu liefern. Ist die Linie unter der idealen Linie, ist Dein Team zu schnell, was in der Regel eine gute Nachricht ist, weil es bedeutet, dass das Team eventuell schneller fertig ist. Sollte das aber bei mehreren Sprints hintereinander auftreten, kann es auch bedeutet, dass Du zu viele Ressourcen eingesetzt hast oder aber nicht genügend Tasks vorhanden sind.

Eine weitere Methode, um den Fortschritt zu messen, aber auch um die Stundenanzahl einzuschätzen, ist das Tempo. Die **Geschwindigkeit eines Sprints** wird bestimmt durch:

Tempo = Entwickler x Stunden x Werktage

Die Stunden sind dabei Arbeitsstunden, nicht Anwesenheitsstunden. Du wirst sehen, dass sich das Tempo immer wieder verändern wird. Warum das so ist, hat viele Gründe: Manche Tasks sind einfacher und manche Teams sind schneller. Gerade am Anfang ist das Tempo meist langsamer, weil sich das Team erst mit der Aufgabe vertraut machen muss. Es sollte aber bald schneller werden und ist das nicht der Fall, solltest Du nachschauen, was das Problem ist. So wie das Burndown-Chart kann auch das Tempo als Graph gezeichnet werden.

Eine neue Methode zur Kostenüberwachung bei agilen Methoden ist das hybride Controlling. „Bei diesem Vorgehen wird jede einzelne Phase des Projektes durch ein Qualitygate geprüft. Jedes Team ist in den jeweiligen Phasen frei, eigens gewählte Methoden für die Durchführung zu verwenden: Das Spektrum reicht von Scrum bis Wasserfall. Beim hybriden Controlling ist das Controlling demnach nur noch für das Tracking der jeweiligen Ergebnisse aus den Phasen zuständig.“[30]

---

[30] Lindner, D. (2017): Agiles Controlling, Scrum und Beyond Budgeting. URL: https://agile-unternehmen.de/agiles-controlling/ [Stand: 08-04-2019]

6. Nachteile des Projektcontrollings

Bei allen Vorteilen, die das Projektcontrolling hat, kommt es auch mit einigen Nachteilen. Einer der größten ist das Wort an sich: Mitarbeiter verstehen immer noch das Wort Kontrolle und denken, sie sind damit gemeint. Eine der großen Herausforderungen für Dich als Projektmanager ist es deshalb, dieses Missverständnis aufzuklären und auch beim Controlling alle an Bord zu haben.

Ein anderes Problem kann dann entstehen, wenn es bereits ein Controlling in Deinem Unternehmen gibt und dieses auch Dein Projekt kontrollieren will. Das ist zuerst einmal eine gute Sache, schließlich haben die Kollegen die Ressourcen und auch die Erfahrung. Aber oft genug ist das Controlling Teil der Buchhaltung und beschäftigt sich vor allem mit Kosten und der Einhaltung von Plänen. Bei einem Projekt gibt es aber auch noch andere Parameter, zum Beispiel die Qualität, die nicht so einfach erfasst werden können. Außerdem muss man bei einem Projekt meistens häufiger die

Zahlen, Kosten und den Aufwand überprüfen, weil bereits kleine Abweichungen große Auswirkungen haben können.

Ein gutes Projektcontrolling erfordert auch eine bestimmte Struktur, ohne die Du Probleme bekommen kannst. Die Überwachung eines Projektes erfordert nämlich weitgehend ein Bottom-Up Vorgehen: Der Projektleiter braucht als Input die Ist-Zahlen seiner Mitarbeiter, um auf der Basis dieser Kennzahlen, den Projektfortschritt tracken zu können.[31]

Wenn diese Anforderungen nicht ausreichend kommuniziert werden, kann es zu Fehlern kommen. Oft ist es so, dass die genauen Verfahren zum Projektcontrolling nicht definiert wurden, dass man sie nicht richtig erklärt hat oder sie werden von den Projektmitarbeitern nicht gelebt. Ein klassisches Problem ist auch, dass Mitarbeiter beim Projekt übermotiviert sind. Sie arbeiten so viel und gerne am Projekt, dass die Controlling-Aufgaben vernachlässigt werden. Die mit dem Controlling in Verbindung stehenden Aufgaben, werden oft-

---

[31] Institut für Bildung und Internationales Management: 4.2 Projectcontrolling. URL: http://www.ibim.de/projekt/4-2.htm [Stand: 22-04-2019]

mals als redundant betrachtet. Das kann aber zur Folge haben, dass Dir wertvolle Daten fehlen. Der Projektleiter hat sicherzustellen, dass relevante aktuelle Projektdaten vorliegen, um damit das Projekt auf Kurst zu halten.[32]

Zu Projektbeginn sollte das Controlling geklärt werden:

- **Umfang seines Projektcontrollings:** Der Projektleiter sollte von vornherein definieren, ob er nur das Tracking der Terminschiene oder noch weitere Kennzahlen wie z. B. Aufwendungen und Kosten tracken möchte und wie er die Überwachung konkret in der Praxis ausführen möchte.

- **Commitment zur Berichtserstattung:** Es muss idealerweise schriftlich das Vorgehen bei der Berichtserstattung dokumentiert (z. B. über ein Projektmanagementhandbuch) und das prozessuale Vorgehen entsprechend an alle Mitarbeiter vermittelt werden. Es geht dabei nicht nur darum, das Handbuch auszuhändi-

---

[32] Institut für Bildung und Internationales Management: 4.2 Projectcontrolling. URL: http://www.ibim.de/projekt/4-2.htm [Stand: 22-04-2019]

gen, sondern eventuell auch darum, einen Workshop zu machen, wie die Daten erfasst werden.

- **Prozesssicherheit:** Allen Mitarbeitern muss klar sein, an wem und zu welchem Zeitpunkt sowie in welchem Berichtsformat er etwas reporten muss.

Ein weiterer Nachteil des Projektcontrollings ist sein Erfolg. Es kommt immer wieder vor, dass Projektmanager – zum Teil auch weil sie unter Druck stehen – das Projekt aus der Controlling-Sicht leiten. Sie sehen das Controlling als Messinstrument zum Erfolg und schauen täglich auf die Entwicklungen-Grafiken. Grundsätzlich ist dagegen auch nichts einzuwenden, aber zum Projektmanagement gehört eben noch mehr als nur die Entwicklung von Kosten. Gerade bei kleineren Unternehmen kann ein zu großer Fokus auf das Controlling auch wertvolle Ressourcen binden. Bei größeren Projekten wiederum besteht die Gefahr, dass sich das Controlling verselbstständigt und nicht mehr nur eine Überwachungsebene darstellt, sondern auch Steuerungsfunktionen übernimmt.

Solange Du Dein eigenes Controlling bist, solltest Du von solchen Problemen verschont bleiben. Wenn Du aber in eine größere Organisation eingebunden bist – und das können auch schon mittelständige Unternehmen sein – dann muss immer klar sein, dass die Weisungsbefugnis bei Dir liegt. Das Controlling hat ebenso eine beratende Funktion wie andere Stakeholder, kann und darf aber keine Entscheidungen über das Projekt treffen. Zum Eigenleben des Projektcontrollings kann auch gehören, dass es bereits als Entscheidungsgrundlage genommen wird. Bei Projekten ist es aber wichtig, zu erforschen, warum sich Daten verändert haben. Das Controlling sagt Dir nur, dass sie sich verändert haben und eventuell auch wo das passiert. Es liegt aber an Dir, die Ursachen zu finden und erst dann zu entscheiden, ob und was geändert werden muss.

7. Zusammenfassung

Projektcontrolling ist eine Art kleiner Bruder des Controllings im gesamten Unternehmen. Es hat aber einen breiteren Ansatz. In einem Projekt geht es nicht darum, langfristige Entwicklungen festzustellen, sondern kurzfristige Veränderungen rechtzeitig wahrzunehmen. Nur dann bist Du in der Lage auch rechtzeitig einzugreifen und die entstandenen Probleme zu lösen.

Das Controlling bringt auch den Business-Aspekt in Projekte. Was in agilen Projekten, vor allem in Scrum, bereits in der Methode verankert ist, fehlt beim Wasserfall-Projektmanagement meistens noch etwas. Mit dem Projektcontrolling bist Du in der Lage, aus dem Projekt auch einen Business-Case zu machen und die Kosten als einen wesentlichen Teil des Projekts und seines Erfolges zu sehen. Es gibt zahllose Beispiele, wie vor allem bei Großprojekten die Kosten das Projekt insgesamt scheitern ließen.

EINIGE BEISPIELE:

Toll-Collect sollte der Bundesregierung Geld aus Gebühren für LKW-Fahrer einbringen, wenn diese auf Autobahnen fahren. Fehler im Kosten- und Projektmanagement führten dazu, dass die geplanten Kosten um das 11,5-fache gestiegen waren, was am Ende fast sieben Milliarden Euro ausmachte.[33] Eine ähnliche Kostensteigerung hatte auch das FISCUS-System, das von Bund und Ländern 1993 in Auftrag gegeben wurde und schließlich 2005 ergebnislos eingestellt wurde. Die Mehrkosten hatten da schon 4,5 Milliarden Euro betragen. Dass gutes Management aber auch Geld bei Großprojekten sparen kann, zeigt der **Ausbau des Autobahndreiecks Würzburg-West**, der 13 Millionen Euro weniger kostete. Nicht alle öffentlichen Projekte laufen aus dem Ruder, wie selbst der Neubau des Bundesinnenministeriums zeigte, bei dem 17 Millionen Euro gespart werden konnten.

---

[33] Diekmann, F. (2015): Deutschlands Albtraum-Projekte. URL: http://www.spiegel.de/wirtschaft/soziales/grossprojekte-in-deutschland-die-top-und-flop-ten-a-1033977.html [Stand: 29-04-2019]

Es gibt also immer Einsparpotenzial, allerdings darf das kein Selbstzweck sein. Öffentliche Projekte neigen immer dazu, teurer zu werden, während Du in einem Unternehmen viel mehr Druck hast, auch auf die Kosten zu achten.

In kleinen und mittleren Unternehmen wird das Projektcontrolling bisweilen unterschätzt und – oftmals auch wegen fehlender Ressourcen – nicht ausreichend umgesetzt. Das ist zwar verständlich, aber wie oben aufgezeigt, gibt es mehrere Abstufungen des Controllings. Jedes Projekt sollte eine gewisse Kontrollebene haben und wenn es nur das Ampel-Controlling ist.

Ein Projekt ist dann erfolgreich abgeschlossen, wenn es im Hinblick auf Qualität und Funktionalität, Kosten und Zeit optimal abgeschlossen wird. Und optimal bedeutet hier nicht unbedingt "wie geplant". Manchmal wirst Du früher fertig sein oder geringere Kosten haben. Manchmal aber ist auch die Qualität so toll, dass der Kunde die Mehrkosten trägt. Bei Projekten sollen alle Stakeholder mit dem Ergebnis zufrieden sein, dann ist es ein gelungenes Projekt. Das Controlling hat genau diesen Aspekt immer im Hinterkopf und

Du wirst deswegen mit einem guten Controlling meistens auch ein besseres Projektergebnis abliefern.

Lukas Raue

Rechtliches und Impressum

Das Werk einschließlich aller Inhalte ist urheberrechtlich geschützt. Der Nachdruck oder Reproduktion, gesamt oder auszugsweise, sowie die Einspeicherung, Verarbeitung, Vervielfältigung und Verbreitung mit Hilfe elektronischer Systeme, gesamt oder auszugsweise, ist ohne schriftliche Genehmigung des Autors untersagt. Alle Übersetzungsrechte vorbehalten.
Die Inhalte dieses Buches wurden anhand von anerkannten Quellen recherchiert und mit hoher Sorgfalt geprüft. Der Autor übernimmt dennoch keinerlei Gewähr für die Aktualität, Richtigkeit und Vollständigkeit der bereitgestellten Informationen.

Haftungsansprüche gegen den Autor, welche sich auf Schäden gesundheitlicher, materieller oder ideeller Art beziehen, die durch Nutzung oder Nichtnutzung der dargebotenen Informationen bzw. durch die Nutzung fehlerhafter und unvollständiger Informationen verursacht wurden, sind grundsätzlich ausgeschlossen, sofern seitens des Autors kein nachweislich vorsätzliches oder grob fahrlässiges Verschulden vorliegt. Dieses

Buch ist kein Ersatz für medizinische oder professionelle Beratung und Betreuung.

Dieses Buch verweist auf Inhalte Dritter. Der Autor erklärt hiermit ausdrücklich, dass zum Zeitpunkt der Linksetzung keine illegalen Inhalte auf den zu verlinkenden Seiten erkennbar waren. Auf die verlinkten Inhalte hat der Autor keinen Einfluss. Deshalb distanziert der Autor sich hiermit ausdrücklich von allen Inhalten aller verlinkten Seiten, die nach der Linksetzung verändert wurden. Für illegale, fehlerhafte oder unvollständige Inhalte und insbesondere für Schäden, die aus der Nutzung oder Nichtnutzung solcherart dargebotener Informationen entstehen, haftet allein der Anbieter der Seite, auf welche verwiesen wurde, nicht aber der Autor dieses Buches.

ISBN: 978-3-98935-510-1

Lucid Page Media (ein Imprint der Orbita Media GmbH)

Ericusspitze 4

20457 Hamburg

Deutschland

kontakt@lucidpagemedia.de

Coverfoto: matrioshka/shutterstock.com

Formatierung: Lukas Raue

Quellenverzeichnis

Demleitner, K. (2009): Projekt-Controlling - Die kaufmännische Sicht der Projekte, 2. Auflage, Renningen

Deyhle, A.; Radinger, G.: Kostenwürfel. URL https://www.controlling-wiki.com/de/index.php/Kostenwürfel [Stand: 20-04-2019]

Diekmann, F. (2015): Deutschlands Albtraum-Projekte. URL: http://www.spiegel.de/wirtschaft/soziales/grossprojekte-in-deutschland-die-top-und-flop-ten-a-1033977.html [Stand: 29-04-2019]

Dr. Truscheit: IT-Controlling – Investment und Wirtschaftlichkeit (ausgearbeitet von Allenstein, R.; Buhlmann, B. und Lange, H.), S. 17

Fiedler, R. (2008): Controlling von Projekten, 4. Auflage, Wiesbaden, Vieweg + Teubner, S. 65, 66 ff.

Friedl, B. (2003): Controlling, Stuttgart, Lucius & Lucius Verlagsgesellschaft, S. 81

Führer, A.; Züger, R. M. (2007): Projektmanagement – Management-Basiskompetenz - Theoretische Grundlagen und Methoden mit Beispielen, Repetitionsfragen und Antworten, 2. Auflage, Zürich, S. 118

Hummel. S.; Männel, W. (1986): Kostenrechnung 1 – Grundlagen, Aufbau und Anwendung, 4. Auflage, Wiesbaden, betriebswirtschaftlicher Verlag Gabler, S. 271

Institut für Bildung und Internationales Management: 4.2 Projectcontrolling. URL: http://www.ibim.de/projekt/4-2.htm [Stand: 22-04-2019]

Kütz, M. (2012): Projektcontrolling in der IT, dpunkt.verlag, S. 56

Lindner, D. (2017): Agiles Controlling, Scrum und Beyond Budgeting. URL: https://agile-unternehmen.de/agiles-controlling/ [Stand: 08-04-2019]

Mehrmann, E.; Wirtz, T. (1999): Effizientes Projektmanagement - Erfolgreiche Konzepte entwickeln und realisieren, 3. Auflage, Düsseldorf, Econ & List Verlag, S. 80 f.

Nasca, D. (2018): Definition – Was bedeutet Forecast im Controlling. URL:
https://www.haufe.de/controlling/controllerpraxis/forecast-controlling/definition-was-bedeutet-forecast-im-controlling_112_453392.html [Stand: 15-04-2019]

Nasca, D. (2018): Methoden des Forecast im Controlling. URL: https://www.haufe.de/controlling/controllerpraxis/forecast-controlling/methoden-des-forecast-controlling_112_453404.html [Stand: 15-04-2019]

Patzak, G.; Rattay, G. (2009): Projektmanagement - Leitfaden zum Management von Projekten, Projektportfolios, Programmen und projektorientieren Unternehmen. 5. Auflage, Wien, S. 414 f.

Pieper, A.; Süthoff, M. (1996): Prozessorganisation und Controlling, Köln, Deutscher Instituts-Verlag, S. 15

PMH: Projektcontrolling. URL:
https://www.projektmanagementhandbuch.de/handbuch/projektrealisierung/projektcontrolling/ [Stand: 02-04-2019]

Priessnig, M. (2015): Die Vermeidung von Risiken mittels Projektcontrolling,S. 35, 50, 64

PwC (2013): Projektcontrolling, S. 12

PwC (2013): Projektcontrolling - Warum Kosten so oft für böse Überraschungen sorgen, S. 26

Rodenstein, Dr. M.: Integriertes Risikomanagement – Vorgehensweise und Erfolg. URL: https://www.haufe.de/controlling/controlling-office/integriertes-risikomanagement-vorgehensweise-und-erfolg-11-risiko_idesk_PI914_HI8007813.html [Stand: 23-03-2019]

Scharfegger, D. (2012): Konzeption und Vorbereitung der Implementierung eines F&E-Projektcontrollings, S. 30, 39

Schucan, C. (2012): Projektcontrolling – Schritt für Schritt zum eigenen Frühwarnsystem. URL: http://imstrategies.ch/2012/projektcontrolling-schritt-fuer-schritt-zum-eigenen-fruehwarnsystem/ [Stand: 18-04-2019]

Stäuber, S. (2015): Auf dem Weg zur agilen Organisation. URL: https://www.computerwoche.de/a/auf-dem-weg-zur-agilen-organisation,3099118,2 [Stand: 10-04-2019]

Weiner, B. (2016): Betriebstechnik/Netzplantechnik – Operations Research –, Vorlesungsskript, Folie 11

Witzenhausen, A. (2013): Projektmanagement und -controlling; Kargl, H. (2000): Management und Controlling von IV-Projekten, München, Oldenbourg Verlag, S. 56-58